本书出版得到
吉林大学考古学院
“双一流”建设经费资助

设 规 知 圆

——中国文物保护法制化实例探讨

唐 淼 编著

科 学 出 版 社

北 京

内 容 简 介

本书基于《中华人民共和国文物保护法》的框架，结合文化遗产保护专业领域的诸多社会问题，以典型案例为切入点，进行多角度解析和诠释，找出问题的症结所在，对当代中国现行文物保护法律、政策和措施进行反思，并提出相应解决对策。

本书可供国内外考古学、历史学、法学、新闻传播学等文化遗产保护及政策相关领域研究人员参考阅读。

图书在版编目（CIP）数据

设规知圆：中国文物保护法制化实例探讨 / 唐淼编著．—北京：科学出版社，2021.12

ISBN 978-7-03-066756-4

Ⅰ. ①设… Ⅱ. ①唐… Ⅲ. ①文物保护法－案例－中国 Ⅳ. ①D922.165

中国版本图书馆CIP数据核字（2020）第218782号

责任编辑：王琳玮 / 责任校对：邹慧卿

责任印制：张　伟 / 封面设计：刘可红

科学出版社 出版

北京东黄城根北街16号

邮政编码：100717

http://www.sciencep.com

北京厚诚则铭印刷科技有限公司 印刷

科学出版社发行　各地新华书店经销

*

2021年12月第　一　版　开本：720×1000　1/16

2023年3月第二次印刷　印张：13 1/4

字数：270 000

定价：168.00 元

（如有印装质量问题，我社负责调换）

编　委　会

作 者 介 绍

唐淼，生于1980年，女，历史学博士。现为吉林大学考古学院副教授，博士生导师。研究方向为文化遗产与博物馆、先秦两汉中国北方考古。讲授“文物保护政策法规”“文化遗产概论”“博物馆实践教学”“文化遗产理论与实践”“文化遗产研究”等课程。曾赴旅顺博物馆、辽宁省博物馆、中国人民革命军事博物馆、虢国博物馆、烟台市博物馆、良渚博物院开展文物与博物馆专业本科及硕士实践工作。发表论文20余篇，出版专著2部，编写文物保护规划、文物影响评估报告、陈列展览大纲等技术文本10余部，主持或参与科研类项目50余项。

序　　言

我国的文物保护事业与新中国建设、发展、繁荣、昌盛的伟大复兴之路共生。近十年来，中国的文物保护事业蒸蒸日上，在文化强国的光辉道路上大步前行。自1982年《中华人民共和国文物保护法》诞生以来，2002年经历了第一次改版修订，后几经修正，自2013年新版《中华人民共和国文物保护法》修订工作启动至今，期间再经修正，新版文物保护法呼之欲出。在这个过程中，涉及文物保护的诸多案例也促使文物工作者及社会各界人士进一步反思，并对我国文物保护的法制化建设提出更高的要求。

《设规知圆——中国文物保护法制化实例探讨》是笔者2010～2020年十年间讲授“文物保护政策法规”课程的案例总结。以现行《文物保护法》为线索，根据《文物保护法》各个章节的内容，以新闻公开报道事件为切入点，组织学生随堂讨论相关问题，成为“文物保护政策法规”这门课程的特色与亮点，并受到学生的广泛欢迎与参与。以此门课为基础，笔者指导学生撰写相关论文，基于专业的角度对相关事件展开深入分析，以此反观现行《文物保护法》的实施状况及可进一步完善之处，在这个过程中教学相长。

本书作为教学成果的学术性梳理和应用性总结，还有诸多不足之处，在此抛砖引玉，恳请读者批评指正。

编　者

2020年10月

目　　录

破坏性修复文物类

违规拆除文物类

文物异地迁置与倒卖类

文物被盗类

文物受水灾、火灾、地震破坏类

其　他　类

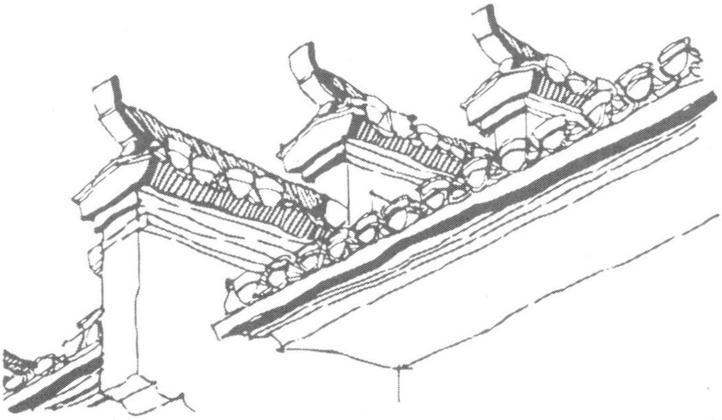

破坏性修复文物类

武安州塔保护的滞后与迟缓

一、案 例 介 绍

敖汉武安州塔（以下简称武安州塔）位于内蒙古自治区赤峰市敖汉旗丰收乡白塔子村西侧的小山冈上，因塔外壁抹白灰，故俗称“白塔”。武安州塔为砖筑八角十三层密檐类型，塔身内部设心室。塔之立面由塔基、塔身、塔檐、塔刹四部分组成，现存十二层，残存高度约32.263米，塔刹已毁①。在20世纪90年代测量中，武安州塔残高约36米②（图1）。塔身南、北、东、西四面为佛龛，其中，南面拱形券洞内可能曾供有佛像，佛像现已无存，东、西、北三壁面砖全部缺失，只残存一半左右穹顶式佛龛，其穹顶式佛龛现存辽塔仅此一例③。2013年，武安州

图1　武安州塔全貌④

① 林林、付兴胜、陈术实：《武安州塔形制及建筑年代考》，《草原文物》2014年第1期。

② 邵国田：《辽代武安州城址调查》，《内蒙古文物考古》1997年第1期。

③ 林林、付兴胜、陈术实：《武安州塔形制及建筑年代考》，《草原文物》2014年第1期。

④ 宋沁：《赤峰市敖汉武安州塔原貌的数字化复原研究》，内蒙古工业大学硕士学位论文，2019年。

遗址被国务院核定公布为第七批全国重点文物保护单位，武安州塔在其中。

现今，武安州塔塔体破损严重，塔身开裂了至少18条明显裂缝，不时有砖块落下，塔顶、塔刹长出野草。白塔外围的一圈铁丝网已被踩倒。人们随意进出，在塔内烧香拜佛，纸钱灰烬散落满地，多处墙壁被熏黑。塔口处，烟花炮皮、酒瓶、易拉罐随处可见，塔四周的砖块上则刻了数不清的人名①。然而，武安州塔附近却没有任何提示，也无人对武安州塔进行管理（图2）。

图2 塔南面洞内烧香残留②

2018年武安州塔的处境被媒体报道后引发关注。2020年4月，武安州塔因其残破的现状被媒体报道后而再度登上热搜。目前，并未发现武安州塔有被修缮的记录。武安州塔作为为数不多的未经近现代大规模修复的辽塔之一，其保护形势不容乐观。武安州塔破损严重，塔身已经发生倾斜，面砖脱落，并伴有多条裂缝和裂孔，甚至面临倒塌的危险。对武安州塔的保护刻不容缓。

二、致使现状原因分析

（一）自然原因

武安州塔经过近千年的雨雪风霜，饱受侵蚀。对于武安州塔塔身的明显裂

① 丁铭、王靖、安路蒙、恩浩：《“修缮”停在纸上，千年辽塔快塌了》，新华每日电讯，2020年4月20日，https://mp.weixin.qq.com/s/SkViDTcGuXX5bNKk9qQcSw

② 丁铭、王靖、安路蒙、恩浩：《“修缮”停在纸上，千年辽塔快塌了》，新华每日电讯，2020年4月20日，https://mp.weixin.qq.com/s/SkViDTcGuXX5bNKk9qQcSw

痕，宋沁先生指出，这应不是中华人民共和国成立后人为拆砖造成的痕迹，而是地震所致。武安州在元代改名武平路，于至元二十七年（1290年）发生7级大地震[①]。这次地震对当时的路治大定府造成了毁灭性破坏，中京大明塔亦留下较大裂痕，可推测武安州塔塔体的裂缝应与元代武平路大地震有关。而塔檐的最上面几层容易遭受雷击等自然因素的破坏，塔檐处的破坏应是自然力损伤所致[②]。

（二）历史原因

武安州塔是在不同时期进行修建的，且在对塔外进行包砌的过程中用料杂乱，随着木料的残损，外包砌部分的结构开始松散。常年的雨水侵蚀，以及塔的基座被人为拆毁，使得塔身包砌的面砖部分逐渐坍塌脱落[③]。

另外，据当地村民介绍，20世纪四五十年代在塔座南面原本有券门通往塔心，并且可以通过天井爬到塔身券洞内，后来因附近个别村民盗取塔砖导致券洞被毁。20世纪中期时，塔的基座还较完整，为须弥座形制，上有勾栏、莲座。20世纪六七十年代，当地部分村民为搭建兔舍，对武安州塔的塔基部位进行了拆毁，塔座外部青砖被大量盗拆，从而形成残损的现状[④]。

中华人民共和国成立初期，人们文物保护意识还未普遍建立，且文物保护法规还未能完善和普及，出现盗拆塔砖等行为尚还可以理解。但在武安州遗址被公布为全国重点文物保护单位以后，武安州塔的处境依然未得到任何改善，反而更加破败，这便体现了当地在文物管理方面存在的问题。

（三）现实原因

武安州塔保护工作的滞后体现了当地的文物保护管理问题。据新华社通讯记者报道，针对武安州塔的修缮方案在2013年便已提出，国家文物局官网中对武安州塔的修缮批复于2016年便已公布[⑤]，批复文件不仅同意了白塔的修缮工作，还对其修缮方向进行了指导。可直到2018年武安州塔的处境被媒体关注报道，当地

---

① 胡廷荣：《关于1290年武平路地震震级讨论》，《华北地震科学》1984年第1期。

② 宋沁：《赤峰市敖汉武安州塔原貌的数字化复原研究》，内蒙古工业大学硕士学位论文，2019年。

③ 宋沁：《赤峰市敖汉武安州塔原貌的数字化复原研究》，内蒙古工业大学硕士学位论文，2019年。

④ 林林、付兴胜、陈术实：《武安州塔形制及建筑年代考》，《草原文物》2014年第1期。

⑤ 《关于武安州遗址——武安州塔保护加固工程立项的批复》，国家文物局官网（2016年8月15日）http://www.ncha.gov.cn/art/2016/8/24/art_2237_41462.html

才着手起草维修方案，几次递交的维修方案也接连被第三方评审打回修改①。截至2020年4月武安州塔再次被关注，对它的保护方案仍陷于“纸上谈兵”，对武安州塔保护议程的提及总能见于地区工作会议，然而武安州塔却未曾被施以任何保护措施。一方面，地方负责文物保护和管理的部门并没有承担好应有的文物保护责任；另一方面，我国文物保护法规和文物保护体制仍有待完善。

国家非常重视文物的保护传承与利用。党的十九大报告指出，“要加强文物保护利用和文化遗产保护传承”。《中华人民共和国文物保护法》（2017修正）（以下简称《文物保护法》）规定：“文物工作贯彻保护为主、抢救第一、合理利用、加强管理的方针”；“一切机关、组织和个人都有依法保护文物的义务”；“各级人民政府应当重视文物保护，正确处理经济建设、社会发展与文物保护的关系，确保文物安全”。中共中央办公厅、国务院办公厅印发《关于加强文物保护利用改革的若干意见》（中办发〔2018〕54号）中指出，“划定文物保护利用的红线和底线，落实文物保护属地管理要求和地方各级政府主体责任，提升全社会文物保护法治意识”。文物保护工作基本实现有法可依，但涉及具体保护工作，以及在文物保护的执行和监督过程中却往往产生与现实对接的漏洞问题。

目前，我国文物保护管理体制为属地管理、分级负责。《文物保护法》第八条规定：“国务院文物行政部门主管全国文物保护工作。地方各级人民政府负责本行政区域内的文物保护工作。县级以上地方人民政府承担文物保护工作的部门对本行政区域内的文物保护实施监督管理。县级以上人民政府有关行政部门在各自的职责范围内，负责有关的文物保护工作。”第十五条规定：“县级以上地方人民政府文物行政部门应当根据不同文物的保护需要，制定文物保护单位和未核定为文物保护单位的不可移动文物的具体保护措施，并公告施行。”这些条文一方面要求各级政府对文物进行保护和监督；另一方面对各级政府具体权责的划分又不够明晰，责任主体落实不到位，很容易使得保护进程。

《文物保护法》第十条规定：“国家发展文物保护事业。县级以上人民政府应当将文物保护事业纳入本级国民经济和社会发展规划，所需经费列入本级财政预算。国家用于文物保护的财政拨款随着财政收入增长而增加。”各地对文物保护的重视程度不同，经济发展水平和技术水平不同，使得地区文物保护的成果和力度有别。武安州塔所在地有关部门表示修缮问题不是因资金、技术不足，而是因第三方专家频繁更换，意见层出不穷。

为何当地会不断更换评审专家，客观上导致方案迟迟不能通过呢？国家文物局古建筑专家委员会委员柳肃表示，文物修复评审会由三至五名专家从不同角

① 丁铭、王靖、安路蒙、恩浩：《“修缮”停在纸上，千年辽塔快塌了》，新华每日电讯（2020年4月20日）https://mp.weixin.qq.com/s/SkViDTcGuXX5bNKk9qQcSw

度对文物修复提出全面的修改意见，一个项目最多经过三次评审会后就可以确定维修方案。如果当地认为专家不合适，也可以向国家文物局申请指派专家进行指导①。但武安州塔当地保护者却在制定维修方案时允许评审专家的随意更换。在维修方案频频被“劝退”而导致维修进程迟迟难以推进的情况下，地方各级负责文物保护的管理和监督部门却未能及时出手，履行职责。

即便未能敲定最终保护方案，当地也应该采取基本保护措施，对文物进行日常养护。《文物保护法》第十五条规定：“各级文物保护单位，分别由省、自治区、直辖市人民政府和市、县级人民政府划定必要的保护范围，作出标志说明，建立记录档案，并区别情况分别设置专门机构或者专人负责管理。全国重点文物保护单位的保护范围和记录档案，由省、自治区、直辖市人民政府文物行政部门报国务院文物行政部门备案。”可武安州塔自被公布为国保单位以来，相关部门并未做到《文物保护法》所规定的文物保护“四有”，使武安州塔处于无人问津、无人管理的境地。这种对文物保护不作为的态度，根本原因还是在于缺乏文物保护意识。

三、武安州塔现况跟踪

2020年4月，武安州塔保护拖延情况被报道后，引起了中央和当地相关部门的重视。4月22日上午，内蒙古自治区党委宣传部副部长、文化和旅游厅党组书记、厅长郑东波到内蒙古自治区文物局调研文物工作，并对武安州塔的修缮工作进行了指示。根据内蒙古自治区文物局发布的信息，当地已于2020年5月启动抢险加固和维修工程，按照文物保护的原则与要求，深入推进了武安州塔修缮保护工作，并对武安州塔的塔体稳固性进行了勘测和考古工作，对塔身进行了抢救性加固，以排除塔体倾斜倒塌风险。另外，当地编制并实施了武安州塔保护加固维修工程方案，定期、及时向自治区报送武安州辽塔保护加固维修进展情况和文物安全问题排查整治进展情况②。6月1～3日，国家文物局党组书记、局长刘玉珠一行到武安州塔维护修缮施工现场进行实地调研，详细了解了工程进度与日常管护情况，要求力争在年内完成辽塔保护维修项目③（图3）。

---

① 《被热搜改变的命运？千年辽代白塔维修困局》，辽塔奉天公众号（2020年4月24日）https://mp.weixin.qq.com/s/9DDIrVR0IZT7iDwicINqfA

② 《内蒙古：切实做好文物保护利用工作》，中华人民共和国文化和旅游部官网（2020年8月19日）https://mct.gov.cn/whzx/qgwhxxlb/nmg/202008/t20200819_874235.html

③ 《刘玉珠赴内蒙古赤峰市调研武安州辽塔保护工作》，国家文物局官网（2020年6月4日）http://www.ncha.gov.cn/art/2020/6/4/art_722_161109.html

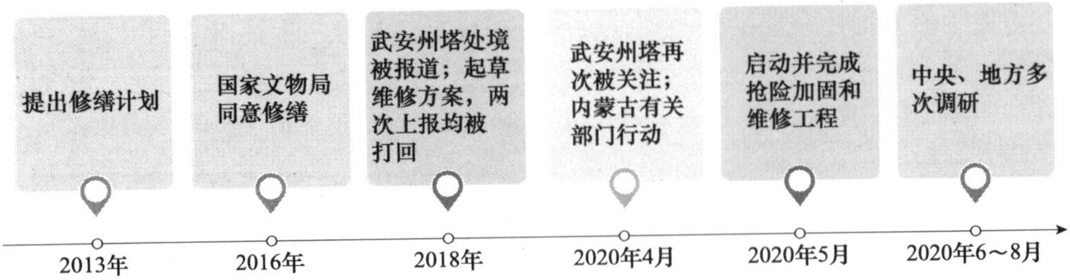

图3　武安州塔保护进程

目前，武安州塔的保护工作已逐步迈入正轨。被媒体报道出来的文物仅仅是一小部分，还有更多地区的文物保护工作需要我们落实。文物保护的落实还有待于地方文物管理工作的完善、社会各界文物保护意识的提高，以及相应的文物保护监督制度的健全。

四、相关文物保护困境

修缮迟缓，不仅是武安州塔的处境，被誉为“世界三大奇塔”之一的应县木塔也面临同样的困境，其维修方案拖延近30年。位于山西省朔州市的应县木塔是目前世界上最高、最古老的木结构佛塔，被著名建筑大师梁思成誉为“独一无二的伟大作品”。1961年应县木塔被公布为首批全国重点文物保护单位，2012年11月，被列入《中国世界文化遗产预备名单》。

应县木塔全称佛宫寺释迦塔，始建于1056年，高60余米，使用斗拱54种，为中国现存古建筑使用斗拱之最，号称“斗拱博物馆”。其斗拱结构巧妙地将木质的梁、枋、柱紧密结合成一体，不仅支撑起整个建筑体，还可加强塔身的强度和抗震性能[①]。但历经近千年的雨雪风霜侵蚀、地震损坏、战火侵袭[②]，尤其是20世纪30年代，应县木塔二到五层的夹泥墙被人为拆除，对木塔结构产生了严重影响。如今，应县木塔承重结构完全处于危险状态，若不及早采取措施，面对突发性强大外力，如地震、大风等，木塔则很可能会倾覆[③]。面对内部和外部所带来的威胁，对应县木塔进行保护已刻不容缓。

---

① 《中国文化遗产研究院应县木塔工作站揭牌成立》，中国新闻网（2020年7月30日）https://baijiahao.baidu.com/s?id=1673636917340465192&wfr=spider&for=pc

② 万墨林：《应县木塔修缮保护工程总体方案》，《中国老教授协会2002年建（构）筑物改造与病害治理学术交流会论文集》，2020年，57～62页。

③ 王瑞珠：《卸荷存真——应县木塔介入式维护方案研究》，《建筑遗产》2016年第1期。

其实，针对应县木塔的修缮自元朝便已有记录，已知较主要的维修有6次，平均约150年一次①，但这仍然不能阻止木塔的变形和损坏。近现代以来，对它的关注、调查和研究也不胜枚举，木塔维修并不缺“药方”，甚至困于“药方”太多而难以抉择。

从20世纪八九十年代起，应县木塔维修工作便已开展。1991年应县木塔维修工作便已启动。但自应县木塔维修工程正式立项以来，针对木塔维修的方案和决定反复变更，关于木塔如何维修，出现了多套方案。2001年6月19日，国家文物局通过中央电视台《东方时空》节目向全国征集修缮方案②。针对木塔的损坏现状，全国各地提出的修缮方案总体归为四大类：设置钢支撑，现状保存；落架修缮；现状加固；抬升修缮（图4）。这些方案各有利弊，没有一套能让人信服。时至今日，修缮方案仍未落地。

图4　应县木塔主要修复方案

2012年11月，应县木塔被列入《中国世界文化遗产预备名单》，拟申请世界文化遗产，这也间接导致了木塔维修进程的滞后。“真实性”和“完整性”是世界遗产保护的两个重要原则。这意味着应县木塔要满足其对设计、材料、工艺或背景环境，以及个性和构成要素等方面真实性的检验，文物上的历史信息不能随意损伤、修改或添加，遗产物质空间和演变过程信息还要保留完整。部分文物工作者担心如果对木塔修缮不当反而会留下遗憾，申遗也会遇到阻力，认为“不能轻易动它”。另外，负责木塔维修工作的应县是农业县。2019年的应县全县一般公共预算收支平衡绝大程度上是依赖上级补助③，应县的财力不足，难以支撑应县木塔的修缮。因此，专家提议建立1：1比例的实验性木塔、建立中国木结构古建筑博物馆等方案，均因地方资金紧张而难以实施，当地人才招募、文物科技装备的购入和木塔数字化需求也难以得到满足。

相比于武安州塔的保护迟缓，应县木塔之所以迟迟得不到修缮，不是因为应县木塔不受重视，而是因其非同一般、备受重视。当地政府和一些文物工作者担

① 万墨林：《应县木塔修缮保护工程总体方案》，《中国老教授协会2002年建（构）筑物改造与病害治理学术交流会论文集》，2020年，57～62页。

② 李大华、徐扬、郑鹄：《山西应县木塔修缮中的问题及对策》，《山西地震》2002年第2期。

③ 《关于应县2019年财政决算和2020年1～7月财政预算执行情况及调整预算的报告》，应县人民政府官网（2020年9月15日）http://www.yingxian.gov.cn/zwgk/xxgkml/tzgg/202009/t20200915_305069.html

心保护干预行为对木塔造成不可挽回的遗憾，所以才难以选择一个完美的方案，归因还是当地对其自身保护技术与能力的不自信。

面对应县木塔的保护困境和人们对木塔保护的关注，中央和地方也在积极采取行动予以解决。2020年7月29日，中国文化遗产研究院应县木塔工作站正式揭牌成立，该工作站成立后，中国文化遗产研究院研究人员将常驻应县，对木塔进行研究修缮保护①。这大大补充了应县木塔保护的人才和科研力量，离保护方案的落地可谓近了一大步（图5）。

图5　应县木塔保护进程

五、总　　结

保护文物功在当代，利在千秋。武安州塔的保护滞后与迟缓反映了地方对文物保护的重视不足，以及文物保护管理体制的弊端；同样面临保护迟缓的应县木塔在修缮过程中所反映出来的问题则更为现实。文物保护体制不完善、保护人才匮乏、保护资金不足等体现出我国对不可移动文物保护的漏洞与不平衡，文物保护工作有待进一步规范化、常态化。

① 《中国文化遗产研究院应县木塔工作站揭牌成立》，中国新闻网（2020年7月30日）https://www.chinanews.com/cul/2020/07-30/9252167.shtml

简析关于文物破坏性修复的四个问题

一、引　　言

不可移动文物是我国文物的重要组成部分，根据其历史价值、艺术价值、科学价值的大小又划分为全国重点文物保护单位、省级文物保护单位、市级和县级文物保护单位，以及尚未核定公布为文物保护单位的不可移动文物（图1）。不可移动文物是我国珍贵的文化遗产，是见证历史的实物载体和珍贵史料。不可移动文物的保护修复工作，是维持其珍贵价值和存续时间的必要举措。在文物保护工程的技术使用上，一定要遵循文物修复原则，恰当合理的修复能够使不可移动文物的价值与作用得到最大限度的保留与显现，反之，则是文物破坏与毁灭的催化剂和助推剂。

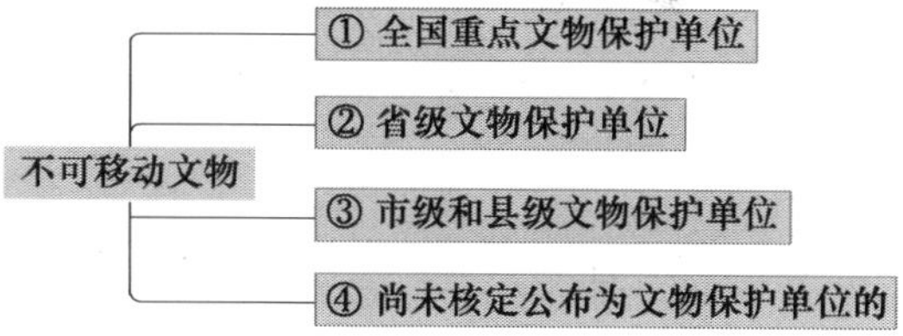

图1　不可移动文物分级

文物的修复一般遵循不改变文物原状原则，最小干预原则，文物维修可逆性、可辨性原则。它强调不可移动文物的整体性保护，既要加强对文物的本体的保护，也要对文物周边环境和整体风貌进行保护。随着社会对精神文化层面的重视，承载着丰富历史文化信息的文化遗产地成为人们参观旅游的热门选择，加之经济建设的推进，以及国家对文物的重视，使得越来越多的文物修复工作被提上日程。在文物修复工作整体向好发展过程中，也不乏文物破坏性修复的案例，这对于文物而言，无疑是致命且不可逆的伤害。

目前根据不可移动文物修复工作在技术上出现的对文物造成伤害的情况和类型，大致可将破坏性修复技术问题划分为随意迁移文物、“维修性拆除”文物、过度维修文物、凭空臆造文物四种[①]（图2）。

---

① 殷连生：《文物安全管理工作指南》，文物出版社，2019年。

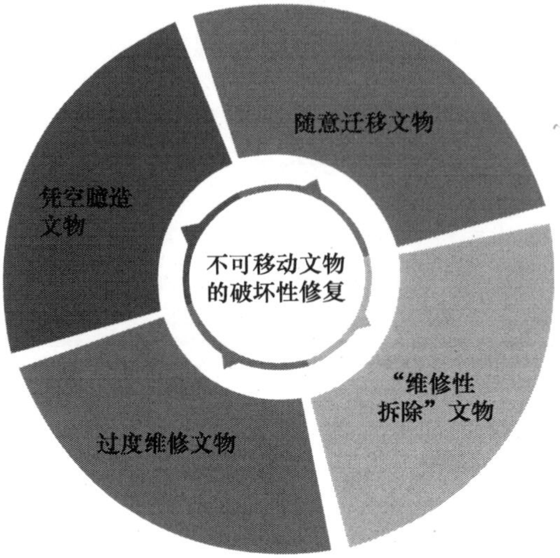

图2　文物修复在工程技术选择上存在的问题

二、技术层面文物破坏性修复具体案例概述

（一）随意迁移文物——以上海御界桥被迁移为例

1. 案例介绍

御界桥又称御界古桥，于明朝万历三年（1575年）建于浦东新区北蔡镇南部，清朝后期重建，是御桥村的主要跨河路段，目前已有400余年的历史。桥面由9块花岗岩组成，现存桥长约17米，宽约1.5米，高约2米[①]。2008年，御界桥成为上海市第三次文物普查登录点[②]。2012年，御界桥被列入《上海市第三次全国文物普查不可移动文物名录》。

2009年，为了开发和拓宽河道，相关专家对御界桥进行了实地考察与评估，提出两个解决方案：原址保护、就近迁移保护（图3）。2012年，御界桥所在地段被交付到上海地杰置业有限公司继续开发。2015年，上海地杰置业有限公司将古桥面迁至上海万科海上传奇项目示范区内，桥面作为展品展出，并计划在工程结束后对其余桥体部分进行整体迁移，具体如图4所示。

① 陆一波：《村庄动迁，434岁御界桥引人关注——村民希望保留古石桥或整体搬迁》，《解放日报》2009年1月22日。

② 王亦菲：《上海百年古桥被曝消失　系因拓河道被开发商暂存》，《新闻晨报》2015年6月9日。

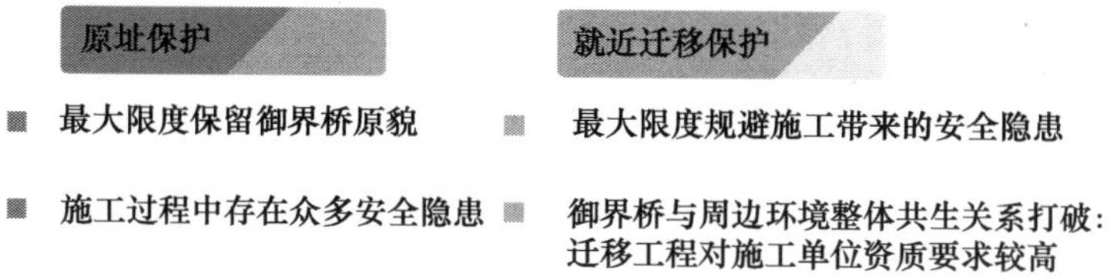

图3　御界桥保护方案

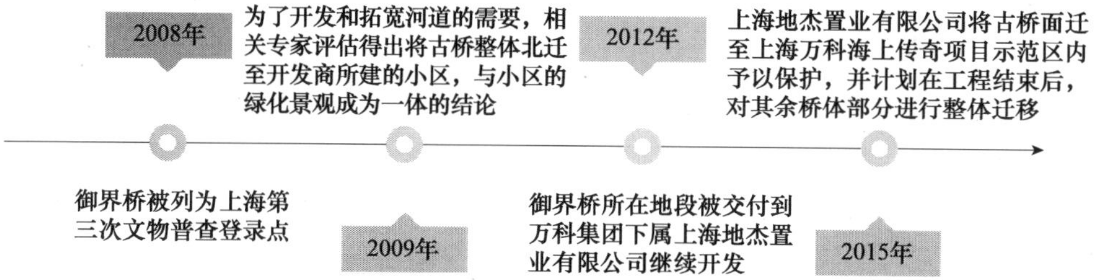

图4　御界桥迁移时间梳理

不少上海市民和文物保护相关人士纷纷指出御界桥承载着丰富的历史信息与价值，是珍贵的物质文化遗产。浦东文物保护管理所表示，开发商将桥面与桥墩分开迁移的做法与之前给出的保护方案程序有出入①。对于拆迁中出现的将桥面与桥体分割，只迁移桥面而将桥墩等保留在原处的做法，表面上是迁移保护，实则是对御界桥造成了不可逆转的破坏。

2. 案例分析

随着城乡建设的快速发展，基础设施建设、经济开发工程等因素与文物保护工作的矛盾日益凸显，基础设施建设让位于文物保护，将面临的是额外的巨大费用；而文物保护让位于基础设施建设，对于文物来说是不可逆转的破坏。相关调查数据显示，半数以上的网友认为在基础设施建设和文物保护发生冲突时，应优先考虑文物保护②。然而，在实际操作过程中，限于各种因素，文物保护往往要让位于基础设施建设。出于对文物的保护，整体迁移成为解决建设与保护之间矛盾的必要之举。

《中华人民共和国文物保护法》（2017修正）第二十条规定：

---

① 王亦菲：《上海百年古桥被曝消失　系因拓河道被开发商暂存》，《新闻晨报》2015年6月9日。

② 黄春景：《项目建设为文物保护“让路”值得称道》，《中华读书报》2013年11月27日。

“建设工程选址，应当尽可能避开不可移动文物；因特殊情况不能避开的，对文物保护单位应当尽可能实施原址保护。

无法实施原址保护，必须迁移异地保护或者拆除的，应当报省、自治区、直辖市人民政府批准；迁移或者拆除省级文物保护单位的，批准前须征得国务院文物行政部门同意。全国重点文物保护单位不得拆除；需要迁移的，须由省、自治区、直辖市人民政府报国务院批准。”

对于御界桥迁移事件来说，就近迁移并没有问题，符合相关法律规定，但对文物迁移的步骤有严格的规定，必须报相关政府行政机构批准后，按照文物迁移标准进行迁移。而上海地杰置业有限公司在将古桥面进行迁移之前并没有向浦东新区文物保护管理所进行报批，并且在迁移过程中，没有按照之前专家给出的实施方案进行整体迁移，而是将桥面与桥墩进行分割，桥面被放进上海万科海上传奇项目示范区内作为展品展出（图5），但是作为御界桥不可分割部分的桥墩依然留在原处，并没有任何防护措施和设备，周围保存环境极差（图6）。这种“先斩后奏”式的文物“破坏式”迁移，不仅是对相关法律法规的违背，更是对文物自身的维修性破坏，对御界桥造成了难以逆转的破坏。

图5　桥面

（图片来源：肖允）

图6　桥体

（图片来源：杨博）

3. 案例总结

伴随着经济建设与基础设施完善，越来越多的文物被迫迁出原所在地，整体迁移、异地保护，这也是目前我们所面临的难题与困境。文物具有重要的历史、艺术、科学价值，承载着无数中国人民的情感，这些价值是无法用物质来衡量的。在对文物进行整体迁移的过程中，相关施工单位必须按照《文物保护法》所规定的相关程序来执行，同时必须最大限度保护文物不受破坏，将人为破坏降到最低。毕竟文物资源不可逆，维修破坏后的文物不仅要消耗大量的人力、物力、财力，而且很可能限于技术水平等因素，难以恢复到之前的状态。因此，基础建设让位于文物保护、文物迁移需要保证其完整性等法律常识，需要被更多的人看到并做到。

（二）“维修性”拆除文物——以梁思成、林徽因故居被拆为例

1. 案例介绍

梁思成、林徽因故居（以下简称梁林故居）位于北京东城区北总布胡同3号四合院（现为24号院），为两进四合院，坐北朝南。在1931～1937年被梁思成、林徽因夫妇租住[①]，有“太太的客厅”文化沙龙之称。租住期间，梁思成夫妇为中国古建筑研究工作事业做出了巨大的贡献。院内装饰精美，铺设紫红夹蓝的地砖，与院内书香气息相呼应，相得益彰。梁林故居作为我国具有突出贡献的建筑学家的实物遗存，是北京独特的文化标识，具有重要的文化象征意义和纪念意义。

由于梁林故居地处北京中心地段，自然成为开发商窥觑之地。但鉴于梁林故居重大的纪念意义和价值，开发商的拆迁过程并不是“一帆风顺”的。开发商与文物保护部门组织之间进行了长达20余载的“拉锯战”，但最终还是以梁林故居被拆除成一片废墟而告终（表1）。这无疑成为我国文化遗产宝库的重大损失和遗憾（图7）。

表1 梁林故居拆迁“拉锯战”历程表

“拉锯战”发展阶段	时间	事件
事件发展期	1988年	开发商买下24号院内土地，垂花门、东厢房被拆除，取而代之的是一座三层小楼
	2003年	梁林故居周边环境进行拆迁
事件高潮期	2009年	梁林故居原址24号院门楼、西厢房先后被强行拆除
	2009年7月10日	北京市规划委叫停开发商对梁林故居的拆除
	2009年7月28日	市文物局与市规划委专题责成建设单位调整建设方案，规划保留梁林故居
	2010年1月	国家文物局称，梁林故居已被确定为不可移动文物
	2011年1月	东城区文委表示梁林故居将原址恢复修缮，将最大程度恢复原貌

① 余晓玲：《北京梁林故居古建被令不得再拆　重建被指无意义》，《京华时报》2012年1月29日。

续表

"拉锯战"发展阶段	时间	事件
事件高潮期	2011年5月	梁林故居再次被拆迁，整体全部被拆除
	2011年12月	梁林故居被公布为第三次全国文物普查中新发现文物项目，而此时，梁林故居已成为一片废墟
事件结尾期	2012年	面对媒体与群众的质疑，开发商指出拆除梁林故居是"维修性拆除"，相关专业人士表示文物保护并没有"维修性拆除"这一说法

图7　梁林故居拆迁前后对比
（图片来源：谢绮珊）

2. 案例分析

梁林故居"维修性拆除"事件背后映射的是普遍存在的现状：文物保护与商业开发之间存在巨大矛盾，文物保护管理中存在监管不力、要求执行不到位等问题。目前，名人故居等珍贵的不可移动文物能得到有效、妥善保护的案例仅占具有历史、艺术、科学、纪念等价值的不可移动文物总数的较小部分。

在全国第三次文物普查中，将梁林故居列为新登录项目，虽然并没有公布其为文物保护单位，但作为登记在档案的文物，作为具有纪念意义和价值的文物建筑，它同样适用于《文物保护法》。

在此次"拉锯战"中不难发现，开发商在文物保护部门正式确认梁林故居为不可移动文物后，仍然进行拆迁计划，完全无视2009年北京市文物局等部门颁布的梁林故居保留意见，这显然是违法行为。同时，在拆迁之前，开发商并没有将文物的具体处理实施方案报给相关文物部门，这种"先斩后奏"式的做法也是违反法律规定的。《文物保护法》第六十六条规定有下列行为之一，尚不构成犯罪的，由县级以上人民政府文物主管部门责令改正，造成严重后果的，处五万元以上五十万元以下的罚款；情节严重的，由原发证机关吊销资质证书：

第一，擅自在文物保护单位的保护范围内进行建设工程或者爆破、钻探、挖掘等作业的；

第二，在文物保护单位的建设控制地带内进行建设工程，其工程设计方案未经文物行政部门同意、报城乡建设规划部门批准，对文物保护单位的历史风貌造成破坏的；

第三，擅自迁移、拆除不可移动文物的；

第四，擅自修缮不可移动文物，明显改变文物原状的；

……

后期东城区文化委在事故调查原因中称，开发商是考虑到故居房屋陈旧、几经翻建、无人居住等原因，易出现险情，因此想出了“维修性拆除”这一说辞[①]。这显然是打着文物维修的旗号，对文物产生实质性破坏的行为。《文物保护法》第二十一条规定：“对不可移动文物进行修缮、保养、迁移，必须遵循不改变文物原状的原则。”这次“维修性拆除”对真正具有重大价值的文物进行了彻底的破坏，而后期的梁林故居复原工程，纯粹是毫无价值的“复制品”。文物是指具体的物质遗存，它的基本特征是：第一，必须是由人类创造的，或者是与人类活动有关的；第二，必须是已经成为历史的过去，不可能再重新创造的。复原的建筑并不满足“已经成为历史的过去”，因此文物破坏是不可逆的，文物也是不可再生的。无论从《文物保护法》来说，还是从文物定义来说，“维修性拆除”都无法站稳脚。

3. 案例总结

开发商拆除梁林故居，尽管受到各种各样的限制，但最终还是将梁林故居拆除，不难理解，背后必然是受拆除后巨大利益所驱动。无独有偶，在梁林故居“维修性拆除”后，位于重庆的蒋介石行营也被拆除。要想真正遏制此类“维修性拆除”事件的发生，就必须从根源上铲断背后的利益链条[②]。同时，文物保护部门应该切实做好文物保护工作，梁林故居被拆的例子也说明相关文物保护部门存在职责疏忽、怠慢等问题。只有“双管齐下”，健全文物保护管理机制，完善文物保护条例法规，才能真正使此类“维修性拆除”事件得到解决。

---

① 陈在田：《梁林故居不能就这样“维修性拆除”》，《新京报》2012年1月29日。

② 陈在田：《梁林故居不能就这样“维修性拆除”》，《新京报》2012年1月29日。

（三）过度维修文物——以铁梁桥被过度修复为例

1. 案例介绍

山西省北部的忻州市忻府区区内坐落着一座古桥——铁梁桥，其具体位置在其磨镇连寺沟村向西3000多米，桥身横跨南北方向，占地面积约285平方米，南北桥墩间距约13米，总桥长约4.6米，拱桥主拱圈从拱顶到拱脚长约6.3米，勾栏立于桥面的两侧，10根0.77米高的望柱和8块1.25米长的存望栏间隔排列。铁梁桥的建造年代或许可追溯到金、元时期，是我国珍贵的桥梁建筑史料[①]。铁梁桥本是三孔拱形平面桥，整个桥身由大小相同的长条石块交错堆砌，经过千年，左右副孔皆被石块堵实，仅留主孔以及右边的一副孔[②]。桥头各有一对石狮，存望栏上雕刻着各色人物，还有山水花鸟活灵活现，可见当时雕工精艺（图8）。之所

图8　石栏雕刻各式图案

（图片来源：前三张为连达供图，最后一张为梁兴国供图）

① 忻州文物局：《忻州文物荟萃》，三晋出版社，2011年。

② 梁生智：《沉默的铁梁桥》，《忻州日报文化旅游周刊》，2016年。

以取名铁梁桥，是因为其券面上均用双腰铁连接和固定。忻州市人民政府于2007年6月6日将铁梁桥列为市级重点文物保护单位。

2014年，忻州市文物主管部门提出对铁梁桥进行保护和修复，但未得到关注。2016年，梁生智将铁梁桥的珍贵价值写进了文章《沉默的铁梁桥》里，并将此文发表在《忻州日报》上，这引起了广大社会人士以及文物专家的关注，人们开始探讨如何管理和维护铁梁桥。忻州市文物局在2019年8月批复了铁梁桥的保护修缮方案。修缮团队于当年10月初正式开始维修，用了近两个月的时间完成主体修复，随后因冬季来临，补配构件的做旧上色无法进行，工程暂停。

工程暂停小半年后，在2020年4月19日再次引起关注，一则吐槽忻州市连寺沟铁梁桥修复的视频在各大社交媒体上传播。第二天，《澎湃新闻》开设专题报道《元代古桥被破坏性修复，山西文物局介入调查》，一起探讨古建筑修复的艺术性及价值性。4月21日忻州市委市政府成立专项调查组，全面调查铁梁桥修复工作的计划和实施。山西省文物局在4月22日召开新闻发布会，通报当前对铁梁桥修复工作的调查情况。山西省文物局副局长赵曙光告诉媒体记者，铁梁桥一直在履行交通职责，加上年代久远、未曾修缮，整个桥体严重下沉。桥的左右两个副孔都是在不同时期，当地村民为了加固桥体用大量石块填补的，其他部位用柱子以及铁链支护，勉强未崩坍，所以铁梁桥才能一直有车辆和行人通行。在修复前经勘察设计单位测量，桥体已经下沉大约30厘米，桥梁的主体石构件严重损坏，两侧的存望栏破损或者丢失一大半①。当初在制订修复计划时，没有明确修复原则，导致修复过程中破坏了原构件的历史痕迹，补配各种损坏部件不追求相似性，做工随意，不考究。当地文物主管部门缺乏文物保护知识，连基本的“整旧如旧”原则都不知晓，其监管部门也是如此。修缮团队的技术人员并没有专业的修缮技术，且缺乏文物保护意识，随意对待修缮工作。设计和监管部门没有实地监督和考察铁梁桥修复情况，没有及时修改和制订修复工作计划，最后将一座古桥变成了新桥（图9）。

2. 案例分析

铁梁桥距今已有1000多年的历史，是典型的梁桥建筑，特别是桥梁两侧的勾栏上雕刻着惟妙惟肖的人物和山水花鸟，都是珍贵的历史资料，体现了当时的艺术文化与雕刻技艺，2007年铁梁桥被评为不可移动文物保护单位，其保护要按照《文物保护法》（2017修正）的相关条例实施。铁梁桥经过此次修复，除了保留拱形结构，其他结构被现代石料以及水泥重新装饰，桥体两侧的勾栏被挪走，整

① 高冰鑫：《山西连寺沟铁梁桥维修引发热议，文物部门公布初步调查结果》，《文博山西》公众号（2020年4月22日）。

图9　铁梁桥修复前（左）、修复后（右）对比
（图片来源：左图为连达供图，右图为刘继长供图）

座桥失去了古韵。虽然桥体用了现代石料加固，但并没有考虑原本的拱形结构，桥面用水泥和现代石料掩盖住了严重破损的内部结构，反而有很大的交通安全隐患①。

《文物保护法》（2017修正）第二十一条："国有不可移动文物由使用人负责修缮、保养……对文物保护单位进行修缮，应当根据文物保护单位的级别报相应的文物行政部门批准……文物保护单位的修缮、迁移、重建，由取得文物保护工程资质证书的单位承担。对不可移动文物进行修缮、保养、迁移，必须遵守不改变文物原状的原则。"第六十六条明文规定了法律责任："有下列行为之一尚不构成犯罪的，由县级以上人民政府文物主管部门责令改正，造成严重后果的，处五万元以上五十万元以下的罚款；情节严重的，由原发证机关吊销资质证书：（一）擅自在文物保护单位的保护范围内进行建设工程或者爆破、钻探、挖掘等作业的；（二）在文物保护单位的建设控制地带内进行建设工程，其工程设计方案未经文物行政部门同意、报城乡建设规划部门批准，对文物保护单位的历史风貌造成破坏的；（三）擅自迁移、拆除不可移动文物的；（四）擅自修缮不可移动文物，明显改变文物原状的；（五）擅自在原址重建已全部毁坏的不可移动文物，造成文物破坏的；（六）施工单位未取得文物保护工程资质证书，擅自从事文物修缮、迁移、重建的。刻划、涂污或者损坏文物尚不严重的，或者损毁依照本法第十五条第一款设立的文物保护单位标志的，由公安机关或者文物所在单位给予警告，可以并处罚款。"《中国文物古迹保护准则》第二条指出："本准则的宗旨是对文物古迹实行有效的保护。保护是指为保存文物古迹实物遗存及其历史环境进行的全部活动。保护的目的是真实、全面地保存并延续其历史信息及全部价值。"而

---

① 陆斯嘉、黄松：《独家|元代古桥被破坏性修复，山西文物局介入调查》，澎湃新闻网（2020年4月20日）https://www.thepaper.cn/newsDetail_forward_7053892?hotComm=true

忻州市文物局主导的铁梁桥修缮工作，属于破坏性修复，违背了法律法规规定的“不改变文物原状”原则，有关部门和单位应承担相应的法律责任。

3. 案例总结

目前，我国的古建筑修复并未有一个统一的标准，这也是导致铁梁桥及其他古建筑惨遭破坏性修复的重要原因。国外的文物修复有几个流派，诸如法国的风格性修复、英国的保守性修复、意大利的文献性修复和新科学保护修复等。根据我国文物特点，我国提出“整旧如旧、维持原貌、最少干预”的原则，同样文物的相关法律和保护准则也规定修复过程中不能改变文物原状、保存历史性、完整性，最大限度减少人为因素，同时修复要有可逆性，防震减灾。如今铁梁桥已被过度修复，难以从原址中找出关于铁梁桥的历史信息，无疑是对文物的破坏。

（四）凭空臆造文物——以云接寺壁画被“翻新”为例

1. 案例介绍

云接寺位于辽宁省朝阳市凤凰山，有殿堂8座，占地约1500平方米，建筑面积约742平方米，始建于清雍正十三年（1735年）。原构建有照壁、娘娘庙、关帝殿、碾棚、大悲殿、菩萨殿、僧舍、东配房等建筑。1963年9月，云接寺被公布为辽宁省文物保护单位。

2012年5月，凤凰山风景名胜管理处针对几座殿堂年久失修的问题向辽宁省朝阳市文物局等相关部门进行维修申请，但文广局指出，维修云接寺必须由具有文保工程资质的单位进行勘察、设计，制定维修云接寺等殿堂维修方案，方案经省文物局批准后，方可进行修缮①。但凤凰山风景名胜管理处在得到维修申请同意后，并没有按照文广局的步骤要求进行维修，而是直接自行修复。2012年8月，文广局发出《关于凤凰山云接寺僧舍维修的复函》，针对施工单位资质不够等问题要求其整改，但这并没有引起景区重视，最后导致修复出来的壁画与之前的壁画大相径庭，清代壁画被“创造性修复”，显然造成了文物的破坏性修复。事后，朝阳市政府对凤凰山风景名胜管理处罚款50万元，同时要求其恢复壁画原状（图10）。

2. 案例分析

对于文物的修复，2012年《中华人民共和国文物保护法实施条例》第十五条规定：“承担文物保护单位的修缮、迁移、重建工程的单位，应当同时取得文物

① 鲍文玉：《古寺壁画遭“修复性毁坏”壁画变“卡通画”》，《滨海时报》2013年10月25日。

图10　云接寺壁画修复前后对比（左. 修复前　右. 修复后）
（图片来源：五角枫——博客名）

行政主管部门发给的相应等级的文物保护工程资质证书和建设行政主管部门发给的相应等级的资质证书。其中，不涉及建筑活动的文物保护单位的修缮、迁移、重建，应当由取得文物行政主管部门发给的相应等级的文物保护工程资质证书的单位承担。”云接寺壁画修复事件中，修复单位没有达到文物等级修缮资质要求，这是明显的违法行为，要受到相应处罚。对壁画进行主观臆断修复，也是对文物“修旧如旧”“不改变文物原状原则”的违背。对于文物修复的度，需要相关法律法规的出台进行规范。

3. 案例总结

云接寺壁画的破坏性修复事件，不仅是对文物修复具体流程的不遵守，也是对文物修复原则的违背。文物的价值体现在其具有历史、艺术、文化等内涵，文物本就是历史的，文物表面的斑驳痕迹是其历史的重要见证。若按照修复者的主观臆断进行“创作”，对文物来说无疑是致命的，并且这种破坏是不可逆的。对于云接寺壁画的破坏性修复，需要严厉追究相关部门的责任，同时需要弥补法律空缺，以免此类事件的再次发生。[①]

三、原 因 分 析

（一）文物修复服务于旅游

目前，景区旅游普遍存在为了吸引游客而过度开发文物资源的现象。以云接寺壁画“创造性修复”为例，景区为了追求游客在视觉上的体验，而不惜以牺

① 年巍：《云接寺清代壁画修缮　文物修复不是“重绘”》，《经济日报》2013年10月21日。

牲文物原本价值为代价，用鲜艳崭新的颜色掩盖了文物本该有的历史沧桑感。另外，为了追求效益最大化，没有按照由具有文保工程资质的单位勘察、设计—制定维修方案—修缮方案审批的要求，进行赶工维修，虽然使得建筑焕然一新，但也失去了文物建筑的价值。这种以牺牲文物来换取旅游热度的做法断然是不可取的。

（二）文物修复工作让位于经济建设

当地政府往往存在文物修复工作让位于经济建设的观念。纵观我国诸多文物迁移、拆除案例，多存在文物修复工作阻碍经济建设的情况，部分地方政府为了追求经济效益，节省投资成本，选择了文物修复工作让位于经济建设的道路。实际上，文物是珍贵的不可再生文化资源，其价值是不能用物质来衡量的。文物破坏之后，城市的文化内涵、城市名片便会受到严重影响，城市失去了自己的文化根基，对城市的可持续发展是不利的①。

（三）文物行政部门监管不力

从以上案例不难发现，相关文物行政部门对文物修复施工过程监管不到位，往往在施工结束后，才进行相关问责和处罚。相关文物行政部门在巡查过程中经常存在工作不到位的情况，甚至直接省略了巡查。对施工方案审查不到位、巡查不到位等问题成为文物“破坏性修复”的重要原因。

（四）相关文物法规存在漏洞

我国《文物保护法》自1982年正式出台后，根据实施过程中出现的问题进行了几次修正。目前，现行《文物保护法》依然存在问题与漏洞，诸如文物修复“修旧如旧”“不改变文物原状”等具体的法律解释以及具体标准并没有得到明确的说明，这也是“维修性破坏”案例众多的重要因素。

四、解决方案

（一）健全文物巡查机制　严格把控文物修复过程

对于文物维修方案的制定、审查、巡查，各级文物行政部门需要认真对待与

① 殷连生：《文物安全管理工作指南》，文物出版社，2019年。

执行。文物维修方案制定之前，需要对文物现场进行严格且细致的记录与观察。严格把控文物修复的具体流程，杜绝“先执行、后通过”的情况。

（二）加强文物保护人才队伍建设　提升文物修复队伍整体素质

文物维修过程中出现的各种破坏现象，表明了文物修复队伍整体素质有待提高，符合文物修复资质的机构较少。提升文保人员的整体素质，能够有效降低对文物“破坏性修复”“过度性修复”的概率，从而在减少对文物破坏的同时提升文物的价值。

（三）完善文物保护法规　明确相应法律责任

文物破坏现象频频发生的重要原因之一是文物保护法规的不完善以及法律责任的不明确。文物保护工作中应对《文物保护法》进行完善，加大文物破坏的惩罚力度，从而使文物保护工作真正做到“有法可依、有法必依、执法必严、违法必究”。

（四）加大文物保护宣传力度　树立正确文物保护观念

文物保护观念和意识淡薄是出现文物“破坏性修复”等现象的根本原因。相关机构与部门应该承担起文物保护知识的宣传责任，使人们树立正确的文物保护观念，并逐渐认识到文物的珍贵价值，从长远考虑，为社会的可持续发展贡献力量。

五、结　语

近年来文物保护与利用问题一直是人们关注的焦点。在文物修复与经济建设的矛盾日益凸显的情况下，打着保护文物的旗号，实则牺牲文物发展经济的现状愈演愈烈。文物的“破坏性修复”问题也是目前文物保护与城市发展需要面对和解决的问题。

本文通过对文物修复在工程技术选择上处理不当的情况进行分类，将文物“破坏性修复”分为四种类型，并从每种类型案例出发，找到它们的共性，针对共性的问题进行分析归纳，从而提出相应的解决方案，以期协调文物保护与城市发展之间的矛盾。

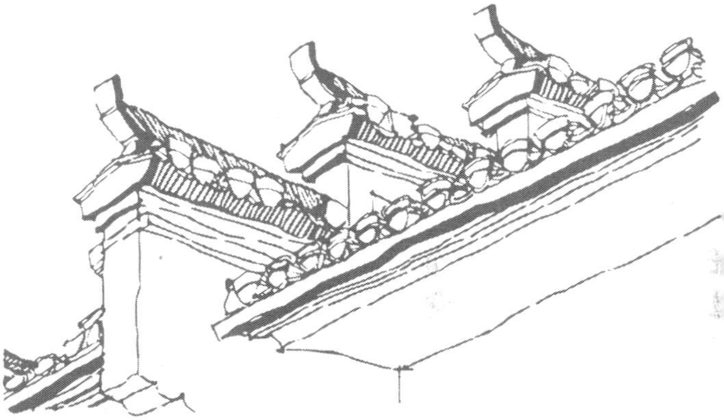

违规拆除文物类

合江县白鹿古建筑群保护范围内民居被拆事件分析

一、案例介绍

白鹿古建筑群始建于清顺治二年（1645年），大号白陆平，因地处白石山埂，形似卧鹿而得名；地处合江东大门，由原白鹿、水竹、马庙乡合并而成，与重庆江津区接壤。2012年7月16日，白鹿古建筑群经四川省政府确定为第八批省级文物保护单位。古建筑群内白鹿社区幸福街的石板路为国家级文物保护单位白鹿茶马古道。白鹿古建筑群有着重大的文物价值。

2020年6月，白鹿古建筑群保护范围内三处百年民居因建筑安全问题被定为危房，三处民居房主随即向当地社区和镇上申请修缮，修缮申请久等无果之后，因排危原因，三处民居的房主只好将房屋一拆了之。

2020年8月20～24日，川观新闻对合江白鹿古建筑群被拆一事进行了集中报道，引起公众及当地有关部门的关注。

当地文物安全负责人向媒体回应了报道中公众关注的主要问题：修缮申请迟迟不被批准的原因，一方面是因为对古建筑群内的民居如何进行修缮，缺乏具体的规定和统一的标准，怕批了之后被“打板子”；另一方面对古民居的修缮需要数额巨大的修缮资金，当地的修缮资金被集中用在了清源宫、施公馆等处文物的修缮上，已经没有资金对民居再进行修缮。白鹿镇曾尝试引入社会资本，但尚未成功。

四川省文物局、省住房和城乡建设厅、合江县人民政府在报道发出后均针对此次问题做出了及时的回应。

四川省文物局明确了处在文物保护单位保护范围内的文物，实施拆除必须获得省文物局批准的要求，同时强调当地政府应重视文物的价值与保护，建议当地通过引入社会资本或者通过地方政府征收的方式，促进当地文物的保护与利用。

四川省住房和城乡建设厅表示已牵头草拟了《四川省传统村落保护条例（草

案）》[①]此外，四川省《历史文化名城名镇名村保护条例》（国务院令第524号）也已开展立法前期调研工作。

合江县人民政府也表示，将进一步采取与住房与城乡建设部门共享文物本体保护清单和文物保护范围信息以及建立文物保护巡查制、文物工作目标考核制度，组成县文物保护专家指导委员会等措施，形成更有效的文物保护管理体系，使文物保护管理与利用有规可循，进而达到保护古建筑原有风貌、改善居民现有居住环境的目标（图1）。

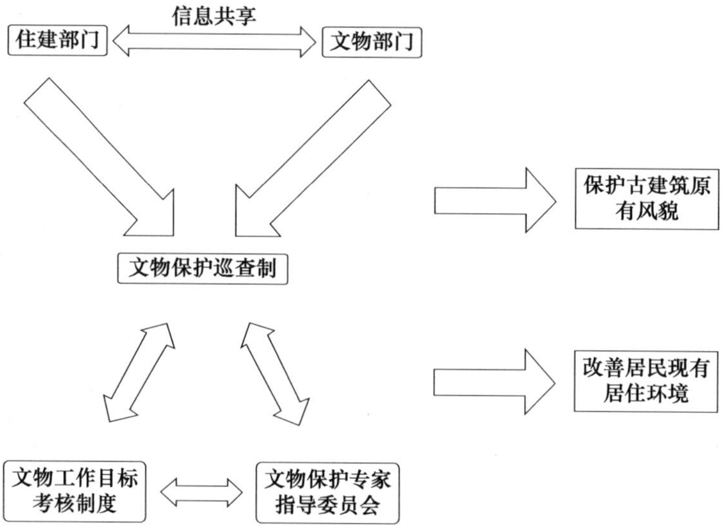

图1　合江县人民政府文物保护管理体系

二、案例分析

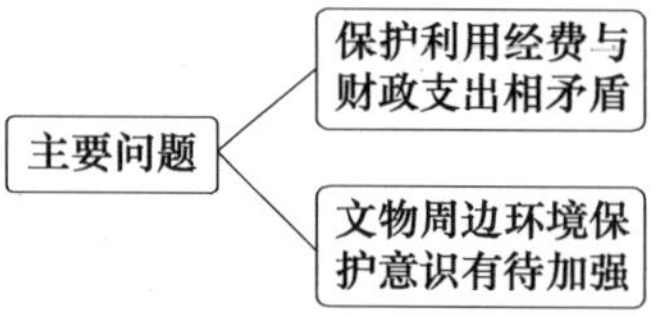

图2　合江县白鹿镇文物保护存在的主要问题

在经过媒体报道之后，合江县人民政府等有关部门对这一事件做出了积极响应。这是其他地方政府值得学习的地方。三处民居的不当拆毁反映出不可移动文物保护利用方面的问题主要有两个：历史文物保护利用经费高需求与地方财政支出不足的矛盾，文物周边环境保护意识有待加强（图2）。

① 《四川省传统村落保护条例》由四川省人大常委会于2020年11月26日发布，2021年3月1日正式实施。

1. 保护利用经费与财政支出相矛盾

根据《中华人民共和国文物保护法》（2017修正）第二十一条：

> 国有不可移动文物由使用人负责修缮、保养；非国有不可移动文物由所有人负责修缮、保养。非国有不可移动文物有损毁危险，所有人不具备修缮能力的，当地人民政府应当给予帮助；所有人具备修缮能力而拒不依法履行修缮义务的，县级以上人民政府可以给予抢救修缮，所需费用由所有人负担。
>
> 对文物保护单位进行修缮，应当根据文物保护单位的级别报相应的文物行政部门批准；对未核定为文物保护单位的不可移动文物进行修缮，应当报登记的县级人民政府文物行政部门批准。

《中华人民共和国文物保护法》（2017修正）明确提出不可移动文物使用者及当地政府有责任和义务对不可移动文物进行修缮和保护，所有人不具备修缮能力时，地方人民政府应给予一定帮助。但实际情况常常是地方政府财政资金有限，仅能照顾到部分文物保护单位。文物工作最重要之处即保证文物的完整与安全，地方政府应从多方面思考文物保护经费的来源问题，多渠道、多方法解决经费问题，如有地区制定了文物“认养”制度，吸引社会资金注入古建筑修缮，出资方则可拥有古建筑一定的使用期限。另外，地方政府应深度挖掘白鹿古建筑群的价值，将不可移动文物保护与利用相结合，在良好保护的前提下创造价值，创造的价值反过来又促进古建筑得到更好的保护，形成一个“保护—利用—再保护—再利用”的良性循环。

2. 文物周边环境保护意识有待加强

对文物周边环境的保护必要性，有关法律法规均做出了明确的规定。例如，《中华人民共和国文物保护法》（2017修正）第二十六条：

> 使用不可移动文物，必须遵守不改变文物原状的原则，负责保护建筑物及其附属文物的安全，不得损毁、改建、添建或者拆除不可移动文物。

《历史文化名城名镇名村保护条例》第二十一、二十三、二十五条：

> 第二十一条　历史文化名城、名镇、名村应当整体保护，保持传统格局、历史风貌和空间尺度，不得改变与其相互依存的自然景观和环境。

第二十三条　在历史文化名城、名镇、名村保护范围内从事建设活动，应当符合保护规划的要求，不得损害历史文化遗产的真实性和完整性，不得对其传统格局和历史风貌构成破坏性影响。

第二十五条　在历史文化名城、名镇、名村保护范围内进行下列活动，应当保护其传统格局、历史风貌和历史建筑；制订保护方案，经城市、县人民政府城乡规划主管部门会同同级文物主管部门批准，并依照有关法律、法规的规定办理相关手续：

（一）改变园林绿地、河湖水系等自然状态的活动；

（二）在核心保护范围内进行影视摄制、举办大型群众性活动；

（三）其他影响传统格局、历史风貌或者历史建筑的活动。

白鹿古建筑群保护范围以幸福街为中心向外延伸20米，三处被拆的古建筑即出于古建筑群保护范围。文物环境对文物整体价值的阐释有着不可替代的作用，在当前的文物保护工作中，仍然存在文物保护只重视文物本体，不重视文物周边环境的情况。文物本体与文物周边环境的结合能够使文物的价值被完整地阐释出来。当地政府将资金集中投入在保护文物本体而不顾文物周边环境的行为是不对的，更是不被有关法律法规所允许的，当地政府应该认识到保护文物不单单在于保护文物本体，也在于保护文物环境。

三、案例总结

合江县白鹿古建筑群保护范围内民居被拆这一事件得到了当地有关部门的积极响应并出台了《四川省传统村落保护条例》等有关文件，这一点值得称赞，但条例的出台是以文物被损为代价换来的。地方政府在进行文物保护与利用时应时刻牢记“保护为主，抢救第一，合理利用，加强管理”的十六字方针，在文物被破坏之前及时出台有关条例，才是文物工作者应该努力的方向。

四、相关依据

①《中华人民共和国文物保护法》（2017修正）

②《历史文化名城名镇名村保护条例》

③《四川省人民政府办公厅关于加强古镇古村落古民居保护工作的意见》

五、参考新闻

① 魏冯：《民情热线|合江白鹿镇百年古民居，为何一朝成废墟？》，川观新闻（2020年8月20日）https://cbgc.scol.com.cn/news/341231。

②《民情热线|合江古民居被拆追踪：省文物局责成调查，强调拆房须获许可》，川观新闻（2020年8月24日）https://cbgc.scol.com.cn/news/346445。

③《民情热线|合江古民居被拆续：今年底拟出台〈四川省传统村落保护条例〉》，川观新闻（2020年8月24日）https://cbgc.scol.com.cn/news/346518。

④《民情热线|合江古民居被拆追踪：将对修缮民居居民给予补助，建立文物保护巡查制度》，川观新闻（2020年8月25日）https://cbgc.scol.com.cn/news/348272。

刘亚楼故居等7处不可移动文物被拆事件分析

黑龙江省哈尔滨市双城区刘亚楼旧居、东北民主联军前线指挥部卫生所旧址、东北民主联军前线指挥部警卫连旧址、东北民主联军独立团旧址、东北民主联军双城独立团炊事班旧址、东北民主联军独立团通信班旧址、陈家银铺旧址等7处抗战旧址在第三次全国文物普查中被登记为不可移动文物，按照不可移动文物的等级划分大部分属尚未核定为文物保护单位的不可移动文物。此7处不可移动文物在2016年黑龙江省哈尔滨市双城区一城区改造项目中被违法拆除受到了媒体的报道和广泛关注，同时也反映出我国尚未核定为文物保护单位的不可移动文物在保护方面存在的短板和不足。本文将以刘亚楼故居等7处不可移动文物被违法拆除这一案例为切入点，参考我国有关尚未核定为文物保护单位的不可移动文物的主要法律法规，浅谈尚未核定为文物保护单位的不可移动文物的保护问题及对策。

一、案 例 简 介

刘亚楼是中国人民解放军开国上将，曾任东北民主联军、东北野战军、东北军区参谋长，第四野战军十四兵团司令员等职位。刘亚楼1910年出生于福建省武平县，1929年加入中国共产党，同年参加中国工农红军。中华人民共和国成立后，刘亚楼曾任中国人民解放军空军司令员、国防部副部长等职位。刘亚楼为我国全面加强空军正规化建设做出了重要贡献。1955年，刘亚楼被授予上将军衔。1965年5月7日病逝于上海，享年55岁。

2015年6月，双城区人民政府实施双城区东北隅与东南隅棚户区改造项目。黑龙江省哈尔滨市双城区刘亚楼旧居、东北民主联军前线指挥部卫生所旧址、东北民主联军前线指挥部警卫连旧址、东北民主联军独立团旧址、东北民主联军双城独立团炊事班旧址、东北民主联军独立团通信班旧址、陈家银铺旧址等7处不可移动文物被列入征迁范围。

2016年3月25日、4月19日，双城区人民政府向哈尔滨市文广新局申请拆除该7处不可移动文物。6月20日，哈尔滨市文广新局复函双城区人民政府，明确要求原址保护或迁移保护，未经审批不得擅自拆除。6月25日，建设单位及施工单位违背哈尔滨市文广新局批复意见，擅自拆除刘亚楼旧居等7处不可移动文物①。

2016年8月4日，国家文物局致函黑龙江省文化厅，并抄送黑龙江省人民政府办公厅，要求全面调查核实双城区7处不可移动文物遭违法拆除案，依法严肃查处，对涉嫌刑事犯罪的单位与人员，追究刑事责任；落实文物保护责任终身追究制，追究属地政府和相关人员行政责任；组织力量制定整改方案，最大限度恢复文物本体及环境风貌；查处结果向社会公开（图1）②。

图1 刘亚楼旧居等7处不可移动文物遭拆除事件时间线

---

① 《国家文物局关于黑龙江省哈尔滨市双城区刘亚楼旧居等7处不可移动文物遭拆除案调查处理情况的通报》，国家文物局官网（2017年3月23日）http://www.ncha.gov.cn/art/2017/3/23/art_722_138763.html

② 《国家文物局关于黑龙江省哈尔滨市双城区刘亚楼旧居等7处不可移动文物遭拆除案调查处理情况的通报》，国家文物局官网（2017年3月23日）http://www.ncha.gov.cn/art/2017/3/23/art_722_138763.html

2016年8月27日，哈尔滨市双城区政府通报，根据国家文物局意见，当地决定对“双城刘亚楼旧居”等7处被人为破坏的不可移动文物实施原址重建①。双城区人民政府表示将按照《中华人民共和国文物保护法》及《文物保护工程管理办法》的规定，尽快对刘亚楼故居等7处不可移动文物履行原址重建审批手续并立即对损毁的7处不可移动文物的房屋构件进行整理保护，以备重建。

二、案 例 分 析

在2017年3月23日国家文物局发表题为《国家文物局关于黑龙江省哈尔滨市双城区刘亚楼旧居等7处不可移动文物遭拆除案调查处理情况的通报》。“黑龙江省哈尔滨市双城区刘亚楼旧居等7处不可移动文物遭拆除案”（以下简称“刘亚楼旧居拆除案”）作为典型的政府法人违法案件对我国文化遗产法人违法事件有着重要的警示作用。笔者认为，刘亚楼旧居等7处不可移动文物受到破坏的另一重要原因是此7处文物尚未明确向社会公布定级。在我国现行的文物保护法律法规中，有关不可移动文物的内容虽然均包含尚未定级不可移动文物，但在对法律法规的实际理解与地方文物部门的具体保护措施上仍有一定不足。尚未定级不可移动文物的数量通常比已定级不可移动文物数量更多，地方财政经费不足，导致尚未定级不可移动文物受到的重视程度不足。

三、有关尚未定级不可移动文物保护的主要法律法规依据

我国不可移动文物按照定级情况划分主要可以分为四类，即全国重点文物保护单位，省、自治区、直辖市级文物保护单位，市、县级文物保护单位，尚未被核定为文物保护单位的不可移动文物（尚未定级不可移动文物）。尚未核定为文物保护单位的不可移动文物并非没有保护价值，而是随着对其普查、研究等工作的不断深入，对其历史、艺术、科学价值的不断挖掘，在将来有可能成被核定为文物保护单位。可以说，对尚未核定为文物保护单位的不可移动文物的保护就是对未来的文物保护单位进行保护。

随着我国法律法规的不断完善，对尚未核定为文物保护单位的不可移动文物法律法规也在逐渐增加，其中主要有《中华人民共和国文物保护法》《中华人民共和国文物保护法实施条例》《关于加强尚未核定公布为文物保护单位的不可移

① 《开国上将刘亚楼在哈尔滨旧居遭强拆　哈尔滨官方：将原址重建》，观察者（2016年8月27日）https://www.guancha.cn/society/2016_08_27_372652.shtml

动文物保护工作的通知》等。

1.《中华人民共和国文物保护法》

《中华人民共和国文物保护法》中涉及尚未核定公布为文物保护单位的不可移动文物主要内容包括：文物的登记与公布；对文物的具体保护措施与公告施行规定；与建设工程选址相冲突时，避开不可移动文物，不能避开的，对文物保护单位尽可能实施原址保护的要求；文物保护单位的修缮要求等内容。

例如，《中华人民共和国文物保护法》第十三条规定："……尚未核定公布为文物保护单位的不可移动文物，由县级人民政府文物行政部门予以登记并公布。"第十五条规定："……县级以上地方人民政府文物行政部门应当根据不同文物的保护需要，制定文物保护单位和未核定为文物保护单位的不可移动文物的具体保护措施，并公告施行。"第二十条规定："建设工程选址，应当尽可能避开不可移动文物；因特殊情况不能避开的，对文物保护单位应当尽可能实施原址保护。"第二十一条规定："国有不可移动文物由使用人负责修缮、保养；非国有不可移动文物由所有人负责修缮、保养。非国有不可移动文物有损毁危险，所有人不具备修缮能力的，当地人民政府应当给予帮助；所有人具备修缮能力而拒不依法履行修缮义务的，县级以上人民政府可以给予抢救修缮，所需费用由所有人负担。"第二十五条规定："非国有不可移动文物不得转让、抵押给外国人。非国有不可移动文物转让、抵押或者改变用途的，应当根据其级别报相应的文物行政部门备案……"

其中，第二十条、第二十一条所指的"不可移动文物"包括尚未核定公布为文物保护单位的不可移动文物。第二十五条所指的"非国有不可移动文物"中的大部分是尚未核定公布为文物保护单位的不可移动文物。

2.《中华人民共和国文物保护法实施条例》

在《中华人民共和国文物保护法实施条例》中，涉及尚未核定公布为文物保护单位的不可移动文物的内容主要包括：对危害尚未核定公布为文物保护单位的不可移动文物安全的建筑物、构筑物的处理责任方进行规定的要求；明确文物、公安等有关部门及其工作人员的责任等。

例如，《中华人民共和国文物保护法实施条例》第十九条规定："……危害尚未核定公布为文物保护单位的不可移动文物安全的建筑物、构筑物，由县级人民政府负责调查处理。"第五十四条规定："公安机关、工商行政管理、文物、海关、城乡规划、建设等有关部门及其工作人员，违反本条例规定，滥用审批权限、不履行职责或者发现违法行为不予查处的，对负有责任的主管人员和其他直接责任人员依法给予行政处分；构成犯罪的，依法追究刑事责任。"

3.《关于加强尚未核定公布为文物保护单位的不可移动文物保护工作的通知》

2017年，国家文物局发布《关于加强尚未核定公布为文物保护单位的不可移动文物保护工作的通知》，这也是首次仅以尚未核定公布为文物保护单位的不可移动文物为对象的工作通知。该通知针对未核定公布为文物保护单位的不可移动文物的保护问题向各级文物保护部门提出了六项具体要求："一、提高认识，充分认识一般不可移动文物[①]保护工作的重要性"；"二、完善工作机制，认真做好一般不可移动文物管理工作"；"三、采取有效措施，切实改善一般不可移动文物保护状况"；"四、加强指导，积极鼓励社会力量参与一般不可移动文物保护利用工作"；"五、加强引导，妥善处理一般不可移动文物保护与城乡建设的关系"；"六、加大执法力度，建立健全一般不可移动文物监管机制"。

四、深层次问题分析

1. 加强后普查登记时代未核定公布为文物保护单位的不可移动文物保护

《中华人民共和国文物保护法》第十三条规定："……尚未核定公布为文物保护单位的不可移动文物，由县级人民政府文物行政部门予以登记并公布。"这既是《中华人民共和国文物保护法》对地方县政府的具体要求，也是对未定级不可移动文物实施保护手段的重要措施。

在"刘亚楼旧居拆除案"中，地方政府在第三次全国文物普查中对刘亚楼旧居等7处不可移动文物均进行了登记。但是在不到八年的时间内，刘亚楼旧居等7处不可移动文物就因为城区改造项目而被拆除，这从侧面反映了城区改造让位于文物保护，为了文物普查而普查，文物保护单位得不到地方政府应有的重视均反映出后普查登记时代地方政府对未核定公布为文物保护的不可移动文物保护工作的薄弱与疏忽。

首先，地方县政府应该对未定级文物有一个准确的认识和正确的态度。地方政府应该清楚未核定公布为文物保护单位的不可移动文物是我国不可移动文物资源的基础组成部分，其具体价值有待于进一步开发；要以动态发展的角度去理解未核定公布为文物保护单位的不可移动文物的存在意义。只有首先有一个对未核定公布为文物保护单位的不可移动文物的正确态度，后续针对其的一系列保护工作才有路可循。

---

① 在《关于加强尚未核定公布为文物保护单位的不可移动文物保护工作的通知》中，将"尚未核定公布为文物保护单位的不可移动文物"简称为"一般不可移动文物。"

其次，地方政府应该有意识、有规划地对地方文物财政支持进行合理分配。不应将文物资金全部投入已划定等级不可移动文物的保护工作中，未核定公布为文物保护单位的不可移动文物也应得到财政资金的支持。在财政资金不足的情况下，地方政府可以尝试引入社会资金对未核定公布为文物保护单位的不可移动文物进行“认养”，从而缓解地方财政压力。

2. 通过公益诉讼对未核定公布为文物保护单位的不可移动文物保护与利用进行监管

不可移动文物作为一种公共文化资源，其价值与利益归属于集体。公益诉讼简单来讲即当集体利益受到侵害时公众进行维权的手段。当政府对不可移动文物的决策行为有明显错误时，公众组织以向政府提出诉讼的方式对政府决策进行干预，达到保护不可移动文物的目的。

以集体诉讼的方式对未定级不可移动文物进行保护已有先例，且取得了较好的效果。笔者认为，公益诉讼是一种能够调动未核定公布为文物保护单位的不可移动文物所在地居民保护文物积极性的较理想方式。此方法同样能对地方政府决策进行监管，进而达到政府与居民互相配合保护不可移动文物的良性循环。

3. 以明确法律条文的方式强化未核定公布为文物保护单位的不可移动文物身份地位

在《中华人民共和国文物保护法》中，有关不可移动文物的法律条文在原则上对不可移动文物的保护均包括未核定公布为文物保护单位的不可移动文物，但在具体条文呈现上，部分条文并未明确点出保护对象未核定公布为文物保护单位的不可移动文物，从而导致一些文物工作者对条文的理解因个人专业水平的高低而存在偏差，施工单位在进行建设工程选址的时候，忽略未核定公布为文物保护单位的不可移动文物，从而对其造成破坏。笔者认为，应进一步细化法律条文，将未核定公布为文物保护单位的不可移动文物的受保护状态明确指出，从而强化其法律地位，最大程度减少对其造成的破坏。

另外，在公布未核定公布为文物保护单位的不可移动文物后，由于并没有明确的保护等级，其文物身份常常会被淡化。我国可移动文物在划分等级时分为珍贵文物和一般文物，珍贵文物又被划分为三个等级。笔者认为，不可移动文物在划分等级时，可以将“未核定公布为文物保护单位的不可移动文物”的名称以一种低重要性但文物身份明确的称呼进行替换，并公布在文物保护法中，通过身份明确的文物名称向公众明确传达未核定公布为文物保护单位的不可移动文物存在价值的状态，进而矫正部分公众认为未核定公布为文物保护单位的不可移动文物不是文物的错误观念。

参 考 文 献

1. 期刊及论文

安娟：《未定级不可移动文物保护法律问题研究——以山西省为例》，山西大学硕士学位论文，2017年。

侯江、莫骄、刘厚伟：《论不可移动文物的定级与保护——以重庆市北碚区为例》，《西南农业大学学报（社会科学版）》2011年第2期。

姜昕：《我国不可移动文物认定的法理考量》，《云南大学学报（社会科学版）》2021年第1期。

李晓东：《尚未公布为文物保护单位的不可移动文物法律保护》，《中国文物报》2011年12月9日。

李晓东：《再谈尚未公布为文物保护单位的不可移文物法律保护》，《中国文物报》2013年10月30日。

李义媛：《开展登记公布未定级不可移动文物保护点动态管理必要性分析》，《文物鉴定与鉴赏》2019年第16期。

石永明：《加强对未定级别不可移动文物保护工作的若干思考》，《今日财富（金融发展与监管）》2011年第9期。

2. 新闻

《刘亚楼上将旧居等7处文物深夜遭强拆　官方：已无法补救》，央广网（2016年8月26日）http://china.cnr.cn/yaowen/20160826/t20160826_523084806.shtml

《哈尔滨“双城刘亚楼旧居”等7处文物遭损毁　不可恢复》，央视网（2016年8月27日）http://news.cctv.com/2016/08/27/ARTIU4NogJHzPSMjdjb7hQ4s160827.shtml

《开国上将刘亚楼在哈尔滨旧居遭强拆　哈尔滨官方：将原址重建》，观察者（2016年8月27日）https://www.guancha.cn/society/2016_08_27_372652.shtml

《开国上将刘亚楼旧居等7处被破坏不可移动文物拟原址重建》，澎湃新闻（2016年8月27日）https://www.thepaper.cn/newsDetail_forward_1520269

《开国上将刘亚楼旧居遭强拆哈尔滨11人被追责》，环球网（2017年2月12日）https://baijiahao.baidu.com/s?id=1559099364142656&wfr=spider&for=pc

《国家文物局关于黑龙江省哈尔滨市双城区刘亚楼旧居等7处不可移动文物遭拆除案调查处理情况的通报》，国家文物局官网（2017年3月23日）http://www.ncha.gov.cn/art/2017/3/23/art_722_138763.html

3．法律依据

《中华人民共和国文物保护法》

《中华人民共和国文物保护法实施条例》

《关于加强尚未核定公布为文物保护单位的不可移动文物保护工作的通知》

独山县龙家民居强拆案件分析

一、案件简介

（一）案件梳理

2016年贵州银象乾坤置业发展有限公司（以下简称“银象乾坤公司”）为了推进“中央城”房地产建设项目，于8月19日强行拆毁了龙家民居这一县级文物保护单位。当天下午，贵州独山县文物管理所接到群众举报电话，称龙山民居即将被拆除，独山县文物管理所负责人潘光平立即赶往龙山民居所在地，发现院内有工人在施工，潘光平制止但并未成功。当时，潘光平立即电话联系工地负责人，而这位负责人在电话中称自己下午会赶回独山县与潘光平商讨。当日晚八点左右，再次接到群众举报电话的潘光平赶到现场时，几台挖掘机已经将龙家民居完全推平。第二天，龙家后人从废墟中整理出了一些破坏并不太严重的老物件。

银象乾坤公司于2012年成立，主营业务包括房地产开发、销售；物业管理；旅游项目投资；工艺品、钢铁、建材、矿产业购销（国家专控除外）等。该公司是独山县棚户区改造引进的公司。“中央城”开发项目也是该公司承接的首个开发项目。据中青网报道，“中央城”项目已纳入2013～2017年全国1000万套棚户区改造项目，为贵州省100个城市综合体项目之一①。而据搜狐网报道，该公司在其官方网站上注明了“中央城”项目充分利用独山县商业、金融中心的区位优势、龙家院民居和官井等文物资源、完善的基础设施条件，拟开发建设具有现代风格和明清风格相结合，集高端住宅、商业文化步行街、五星级酒店为一体的城市地标性商业小区，同时对龙家院民居、官井等文物进行保护性开发②。但实际

① 裴江文、白皓、王景烁：《贵州独山县一处民国民居被开发商一夜拆除》，《中国青年报》2016年9月2日第4版。

② 《独山县百年文物古迹成废墟！楼盘拔地而起》，搜狐网（2016年9月1日）https://www.sohu.com/a/113208627_476415

上，龙家民居却被施工方强行移除。

在“中央城”项目2013年建设开始时，当地的龙家后人曾提出由自己家族出资修缮龙家民居，但这一申请在向上申报后并未获得相关单位的允许。在龙家后人提出申请后，2015年12月，独山县文化和旅游局向银象乾坤公司发布了一份关于保护文物的政府函件——（独文旅〔2015〕15号）《关于做好对龙家民居文物本体保护的告知书》，在这份文件中，明确提出：“施工方在建设工程或者爆破、钻探、挖掘、拆除等作业前应向独山县文物主管部门提供文物安全保护措施，并报独山县人民政府批准后再行施工。”①显然，这份文件并没有引起银象乾坤公司的重视。龙家后人陆续搬离龙家民居后，曾再次提出要异地修缮保护龙家民居，但被相关单位以要求原址保护为由驳回。

2016年7月，随着“中央城”建设项目的推进，施工导致龙家民居外部围墙小面积倒塌，在7月份进行的文物消防安全检查过程中，明确写出了龙家民居周边存在周边修建房屋、有外露电线等不安全因素②。而当时并未对银象乾坤公司立即进行警示通知。后续施工继续开展，龙家民居外部围墙的倒塌面积也不断扩大。

2016年8月5日，独山县文化和旅游局第一次向银象乾坤公司发出责令整改书要求修复已经倒塌的围墙，但并未引起公司重视。8月11日，独山县文化和旅游局联合独山县文物管理所正式向银象乾坤公司第二次发出责令整改通知书。8月24日，在龙家民居拆除事件发生后，独山县文化和旅游局第三次发函要求银象乾坤公司停止在龙家民居附近的施工作业。据中青网报道，8月29日，贵州省文物局成立的专项工作组到达龙家民居时，施工方的挖掘机仍然停在龙家民居的废墟上（图1～图3）。

2017年3月，国家文物局通报该案件处理结果：

> 犯罪嫌疑人罗某、嫌疑单位贵州银象乾坤置业发展有限公司涉嫌故意损毁名胜古迹罪，经独山县公安局侦查终结，已移送独山县检察院审查起诉，目前正在按法定程序办理。
>
> 给予独山县政府分管文化工作副县长韦某行政警告处分，给予独山县政府分管城建工作副县长胡某全县通报批评。
>
> 给予独山县建设休闲宜居城市工作推进指挥部办公室副主任、县房管局局长丰某行政警告处分，给予县文化和旅游局分管副局长李某行政

① 裴江文、白皓、王景烁：《贵州独山县一处民国民居被开发商一夜拆除》，《中国青年报》2016年9月2日第4版。

② 裴江文、白皓、王景烁：《贵州独山县一处民国民居被开发商一夜拆除》，《中国青年报》2016年9月2日第4版。

图1　龙家民居拆毁前
（贵州省文物局供中青网图①）

图2　龙家民居拆毁后
（贵州省文物局供中青网图②）

① 裴江文、白皓、王景烁：《贵州独山县一处民国民居被开发商一夜拆除》，《中国青年报》2016年9月2日。
② 裴江文、白皓、王景烁：《贵州独山县一处民国民居被开发商一夜拆除》，《中国青年报》2016年9月2日。

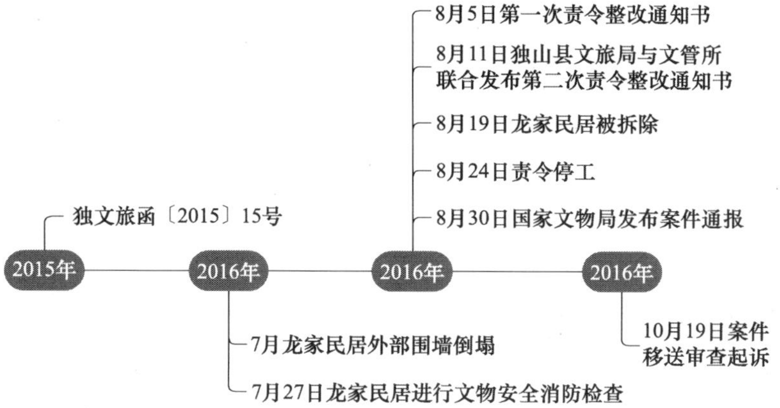

图3　龙家民居被强拆时间线

警告处分，给予县文物管理所负责人潘某行政记过处分。

责成独山县政府向黔南州政府作深刻书面检查，责成县建设休闲宜居城市工作指挥部向县政府作深刻书面检查并全县通报批评，责成县文化和旅游局向县政府作深刻书面检查并全县通报批评。

责成独山县政府对龙家民居实施原址复建，按相关规定编制龙家民居原址复建设计方案，履行报批程序。复建所需经费由银象乾坤置业发展有限公司承担。①

但关于贵州银象乾坤公司和罗某的判决结果，中国裁判文书网和12309检察网均无后续通报。龙家民居是否成功重建，也无后续跟进报道。

（二）龙家民居价值分析

龙家民居位于贵州省黔南州独山县城关镇，建于民国元年。该处民居整体为长方形封闭式院落，占地面积约600平方米，主要建筑为面阔八间，进深二间，二层砖木结构建筑，硬山式，青瓦顶，建筑面积近300平方米，为当地清末民初民居建筑典范②。作为民国建筑，这一民居是1944年“黔南事变”

① 《国家文物局关于贵州省黔南州独山县县级文物保护单位龙家民居遭拆除案调查处理情况的通报》，国家文物局官网（2017年3月23日）http://www.ncha.gov.cn/art/2017/3/23/art_722_138765.html

② 《独山县百年文物古迹成废墟！楼盘拔地而起》，搜狐网（2016年9月1日）https://www.sohu.com/a/113208627_476415

中为数不多在大火中幸存下来并保存至今的古建筑，是独山县清末民初建筑风格、建筑技术以及建筑装饰审美的重要实证，具有相对重要的历史艺术价值。2002年，独山县人民政府核定公布其为县级文物保护单位。相对于其他被认定为省级或国家级文物保护单位的民居建筑，其文物价值和重要性也相对并未被民众普遍了解，或许在这一背景下，导致了开发商随意拆毁这一保护单位的情况。

二、相关法律

（一）针对相关政府机关

《中华人民共和国文物保护法》和《中华人民共和国文物保护法实施条例》（以下简称《文物保护法》和《实施条例》）中明确规定地方政府应当重视文物保护单位相关建设保护需要①，要求将文物保护放在经济建设之前，重点仍然是保护文物安全。在这一案件中，独山县文物保护单位虽然针对银象乾坤置业公司对龙家古宅的破坏情况发出了责令整改的通知，但态度相对不够坚决，未采取强制措施。

《文物保护法》要求针对不可移动文物，应当明确其文物保护单位范围②，保证即使发生了相关建设也不能够在文物保护单位的保护范围内进行建设，但在这次案件中，显然针对不可移动文物保护范围并不明确，导致最初施工时就震塌了龙家民居的一部分外部围墙③。之前，龙家后人要求由自己出资对龙家民居进

① 《中华人民共和国文物保护法》第九条：“各级人民政府应当重视文物保护，正确处理经济建设、社会发展与文物保护的关系，确保文物安全。基本建设、旅游发展必须遵守文物保护工作的方针，其活动不得对文物造成损害。公安机关、工商行政管理部门、海关、城乡建设规划部门和其他有关国家机关，应当依法认真履行所承担的保护文物的职责，维护文物管理秩序。”

② 《中华人民共和国文物保护法》第十五条：“各级文物保护单位，分别由省、自治区、直辖市人民政府和市、县级人民政府划定必要的保护范围，作出标志说明，建立记录档案，并区别情况分别设置专门机构或者专人负责管理。全国重点文物保护单位的保护范围和记录档案，由省、自治区、直辖市人民政府文物行政部门报国务院文物行政部门备案。”

③ 《中华人民共和国文物保护法》第十八条：“根据保护文物的实际需要，经省、自治区、直辖市人民政府批准，可以在文物保护单位的周围划出一定的建设控制地带，并予以公布。在文物保护单位的建设控制地带内进行建设工程，不得破坏文物保护单位的历史风貌；工程设计方案应当根据文物保护单位的级别，经相应的文物行政部门同意后，报城乡建设规划部门批准。”

行异地保护，或者是自行修缮，但申请并未获得政府批复。地方文物保护单位驳回要求的处理方式并无不妥，文物保护修缮要求有资格证的相关工作人员进行处理，并且针对不可移动文物，在非特殊情况下，一般保护原则即原址保护。在整个施工过程中，独山县相关文物保护单位处理事件不够果决，仅通过不断发布整改通知书这一方式对银象乾坤公司进行整改要求，从整个结果来看，这一方式显然无法达到限制银象乾坤公司，要求其停止施工，关注文物保护的相关作用。这一案例也给了广大文物保护单位一个警示，行政警告并不能起到相关作用，在必要情况下，完全可以联合公安机关进行联合执法，通过强制手段保证相关文件的落实。

（二）针对施工方

银象乾坤公司明显违背了《文物保护法》中对不可移动文物的保护要求，在文物保护单位范围内施工作业，甚至将龙家民居整体拆除①。在“中央城”项目建设过程中，按《文物保护法》的要求，应当坚持原址保护，建设过程是完全可以避开文物单位的，但施工方显然没有遵循这一条原则要求②。8月19号，接到群众举报电话后本来承诺暂时停工，但仍使用挖掘机铲平了龙家民居。这一行为明显触犯了《文物保护法》的具体要求，《文物保护法》中针对破坏文

---

① 《中华人民共和国文物保护法》第十七条：“文物保护单位的保护范围内不得进行其他建设工程或者爆破、钻探、挖掘等作业。但是，因特殊情况需要在文物保护单位的保护范围内进行其他建设工程或者爆破、钻探、挖掘等作业的，必须保证文物保护单位的安全，并经核定公布该文物保护单位的人民政府批准，在批准前应当征得上一级人民政府文物行政部门同意；在全国重点文物保护单位的保护范围内进行其他建设工程或者爆破、钻探、挖掘等作业的，必须经省、自治区、直辖市人民政府批准，在批准前应当征得国务院文物行政部门同意。”

② 《中华人民共和国文物保护法》第二十条：“建设工程选址，应当尽可能避开不可移动文物；因特殊情况不能避开的，对文物保护单位应当尽可能实施原址保护。实施原址保护的，建设单位应当事先确定保护措施，根据文物保护单位的级别报相应的文物行政部门批准，并将保护措施列入可行性研究报告或者设计任务书。无法实施原址保护，必须迁移异地保护或者拆除的，应当报省、自治区、直辖市人民政府批准；迁移或者拆除省级文物保护单位的，批准前须征得国务院文物行政部门同意。全国重点文物保护单位不得拆除；需要迁移的，须由省、自治区、直辖市人民政府报国务院批准。依照前款规定拆除的国有不可移动文物中具有收藏价值的壁画、雕塑、建筑构件等，由文物行政部门指定的文物收藏单位收藏。本条规定的原址保护、迁移、拆除所需费用，由建设单位列入建设工程预算。”

物的法律责任做出了明确规定，银象乾坤公司符合其中多条毁坏文物的情况[①]。《中华人民共和国刑法》（以下简称《刑法》）中明确规定了“故意损毁名胜古迹罪”[②]，相比较《文物保护法》中的判罚方式，故意毁坏名胜古迹罪更加注重“情节严重”这一客观条件，在认定对象上，强调的是国家级文物保护单位或省级文物保护单位，也因此，银象乾坤公司并不构成“故意毁坏文物古迹罪”。这或许就是裁判文书网和12309中国检察网均无法查询到案件判决结果的原因，因为这一罪名按照刑法的量刑标准并不构成犯罪。

三、相关案件

国家文物局2016年开展了“文物法人违法案件专项整治行动（2016—2018年）”。根据2019年国家文物局发布的通报结果：全国共查处文物法人违法案件673起，实施行政处罚349起，责令改正408起，行政追责314人次，刑事追责74人次。国家文物局直接督察督办313起，约谈地方人民政府及相关部门负责人20余次[③]。在这一系列案件中，包含大量不可移动文物违法破坏、拆除，不可移动文物周边违法乱搭乱建案件。在这些案件中，相关文保有关负责人和涉案法人被严

---

① 《中华人民共和国文物保护法》第六十六条：“有下列行为之一，尚不构成犯罪的，由县级以上人民政府文物主管部门责令改正，造成严重后果的，处五万元以上五十万元以下的罚款；情节严重的，由原发证机关吊销资质证书：

（一）擅自在文物保护单位的保护范围内进行建设工程或者爆破、钻探、挖掘等作业的；

（二）在文物保护单位的建设控制地带内进行建设工程，其工程设计方案未经文物行政部门同意、报城乡建设规划部门批准，对文物保护单位的历史风貌造成破坏的；

（三）擅自迁移、拆除不可移动文物的；

（四）擅自修缮不可移动文物，明显改变文物原状的；

（五）擅自在原址重建已全部毁坏的不可移动文物，造成文物破坏的；

（六）施工单位未取得文物保护工程资质证书，擅自从事文物修缮、迁移、重建的。

刻划、涂污或者损坏文物尚不严重的，或者损毁依照本法第十五条第一款规定设立的文物保护单位标志的，由公安机关或者文物所在单位给予警告，可以并处罚款。”

② 《中华人民共和国刑法》第三百二十四条第二款：“故意损毁国家保护的名胜古迹，情节严重的，处五年以下有期徒刑或者拘役，并处或者单处罚金。”

③ 《国家文物局通报文物法人违法案件专项整治行动（2016—2018年）情况》，国家文物局官网（2019年4月12日）http://www.ncha.gov.cn/art/2019/4/12/art_722_154560.html

肃追责处理，在一定程度上震慑了相关人员，也为其他不可移动文物遭到破坏后的追责和判罚处理方式提供了大量翔实的实例。而我们也应当看到，虽然在国家文物局的严肃处理和追责下，相关案件减少，但并非下降到零。在当前经济飞速发展，人地矛盾尖锐的大背景下，类似案件仍见诸报端。笔者参考国家文物局2017年和2019年通报的文物行政执法和安全监管工作结果，对这两年的案件进行了统计。结果如图4和图5所示。

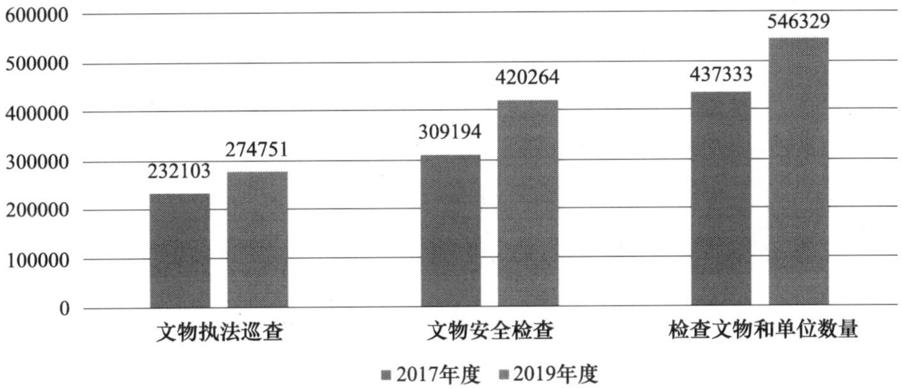

图4　2017～2019年度国家文物局文物行政执法和安全监管工作通报

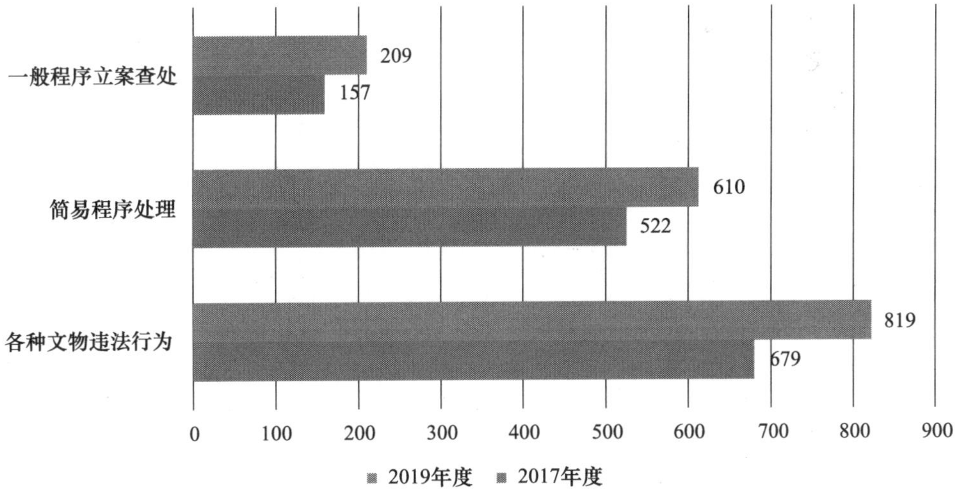

图5　2017～2019年度各类文物违法行为

2017年全国重点文物保护单位违法案件立案90起①，2019年全国重点文物保护单位违法案件数量则下降到了66起②。总体数据虽有下降，但这一类型案件仍然存在，即使是价值最重要、保护级别最高的全国重点文物保护单位也存在约1.3%的受损害概率，相对级别更低的文物保护单位，尤其是未被登记的相关文物更容易面临被损坏的情况。

2020年7月，陕西省西安市三学街历史文化街区建设过程中，李家大院也被挖掘机拆除，虽然给出的解决方案是异地重建，但根据李家大院居民李婷接受南方周末记者采访时提出，整体拆除过程中并非按照异地重建的施工流程严格进行，施工不规范，建筑原构件没有按照标准进行登记和标注③。我们可以看到，除了民居拆除过程令人心痛外，民居的重建过程也不尽如人意，尤其是针对民居这一类跟群众联系紧密的建筑类型。居民除了对民居有着情感上的寄托，还因民居的居住价值而不希望其遭受损害。因此，在处理这一类型的文物保护单位时，民众的情感价值是更加难以衡量的深刻价值，这也警示相关单位加强和完善政策法规，实现民居建筑的长久保存。

四、总　　结

当前不断出现不可移动文物保护受挫，发生包括强拆、非法建设、损坏本体或相关环境的案件，是与我国当前国情密不可分的。当前，我国正处于城市化建设飞速发展，人地矛盾不断加剧的阶段，在这一过程中，许多公司甚至是政府机关单位都出现了一种以经济建设成果为导向的片面思想，在这一思想的指导下，大量文物保护单位受到经济建设或城市开发的影响，而在衡量法律法规的判罚标准时，尤其是针对以龙家民居这一类县级文物保护单位，缺乏有震慑力的法规，仅仅是罚款并不足以保证这一现象的根除。同时衡量不可移动文物价值时，我们更多关注其历史、艺术和科学价值，但针对民居建筑这一与人类日常生活紧密相关的建筑类型时，往往忽略了建筑背后隐藏的与当地居民或者居住者浓厚的情感纽带。这一情感价值无法通过外界的评判标准准确衡量，但却是至关重要的一点。文物的历史文化科学价值或许可以通过明确条文规定进行划分，但以龙家民

---

① 《国家文物局通报2017年度文物行政执法和安全监管工作情况》，国家文物局官网（2018年4月16日）http://www.ncha.gov.cn/art/2018/4/16/art_2048_150171.html

② 《国家文物局关于2019年度文物行政执法和安全监管工作情况的通报》，国家文物局官网（2020年4月3日）http://www.ncha.gov.cn/art/2020/4/3/art_722_159974.html

③ 王华镇：《历史文化街区该如何拆迁？西安三学街改造调查》，《南方周末》2020年10月29日。

居为例，在“中央城”项目推进，导致龙家民居成为危房前，这一建筑内一直有龙家后人居住，对于他们来讲，这房子也是重要的情感寄托。

2019年，国家文物局在当年的文物行政执法和安全监管工作通报中提到了在保护相关文物，尤其是不可移动文物时，正在采用卫星监测、“互联网+”执法模式以及将文物保护工作纳入政府评测标准等诸多方式保证文物违法犯罪行为数量的下降。但如果不从法律法规上进行严格规定，提高违法犯罪成本，便难以从根源上杜绝文物违法犯罪行为，尤其是地产开发类项目，往往罚款数额并不能对开发商构成有效震慑，导致相关类型的违法犯罪案件屡见不鲜。

地方文物保护单位往往是我们极易被忽略的文物保护的一环，尤其是相对欠发达的县一级甚至更下一级地方单位中，文物保护机构不完整、文物普查不到位、文物保护缺乏财政资金等问题比比皆是。而往往正是在这样的地方，其保存下来的文物更具有地方特色和特殊价值。重视地方文物保护工作，保证相关法律法规的切实落实刻不容缓。

兴教寺被拆事件分析

一、案 例 介 绍

（一）兴教寺发展及保护溯源

兴教寺（护国兴教寺）作为唐代樊川八大寺院之首，地处西安城南约20千米处，长安区杜曲镇少陵原畔，长安区樊川北原（少陵塬），是唐代著名翻译家、旅行家玄奘长眠之地。664年，高僧玄奘法师圆寂后，葬于白鹿原，唐高宗二年（669年）又改葬为樊川风栖塬，并修建了五层灵塔，次年因塔建寺，唐肃宗题“兴教”二字，从此取名兴教寺[①]。之后，玄奘弟子窥基和圆测亦长眠于此。

寺院建筑在唐朝末年被毁，清朝末年仅有唐三藏塔、窥基塔、圆测塔三座塔保存下来[②]。兴教寺的恢复重建工作主要分民国时期和20世纪90年代以来两大阶段。民国时期，修建僧舍、大遍觉堂等佛寺建筑，随着兴教寺内僧侣群体的不断扩大以及日常生活的需要。20世纪90年代以来陆续在寺院兴建兴慈楼、三藏院等建筑（表1）。

表1　兴教寺主体建筑兴建情况

年代	建筑
唐代	唐三藏塔、窥基塔、圆测塔
民国时期	僧舍、大遍觉堂、鼓楼、大雄宝殿、藏经楼、法堂、钟楼、山门
20世纪90年代以来	兴慈楼、三藏院、西明楼、慈恩堂、福宝殿、中兴堂、三圣殿、卧佛殿、照心楼、地藏殿、大悲殿、乐师殿、斋堂、闻慧堂、活动联络处、佛心吉祥平安塔、光明塔、公厕、方丈楼、常明住持塔、禅堂、山亭

1961年3月4日，国务院将兴教寺塔列为第一批全国重点文物保护单位，并明确指出，保护范围包括兴教寺其他建筑；1983年兴教寺被定为汉族地区全国重

---

① 吴晓霞：《李弥逊诗词校注》，广西师范学院硕士学位论文，2014年。

② 苏义鼎：《西安地区佛寺建筑研究》，西安建筑科技大学博士学位论文，2014年。

点寺院[①]；2014年6月22日，丝绸之路：长安—天山廊道路网（中国的陕西、河南、甘肃、新疆，另有哈萨克斯坦、吉尔吉斯斯坦等国家的地区）被联合国教科文组织列入《世界文化遗产名录》[②]，其共33处，中国境内22处，其中陕西省7处，兴教寺位列其中。兴教寺申遗并不是一帆风顺的，在从2007年兴教寺被纳入申遗范围后到2014年通过申遗期间，发生了著名的“兴教寺事件”（图1）。

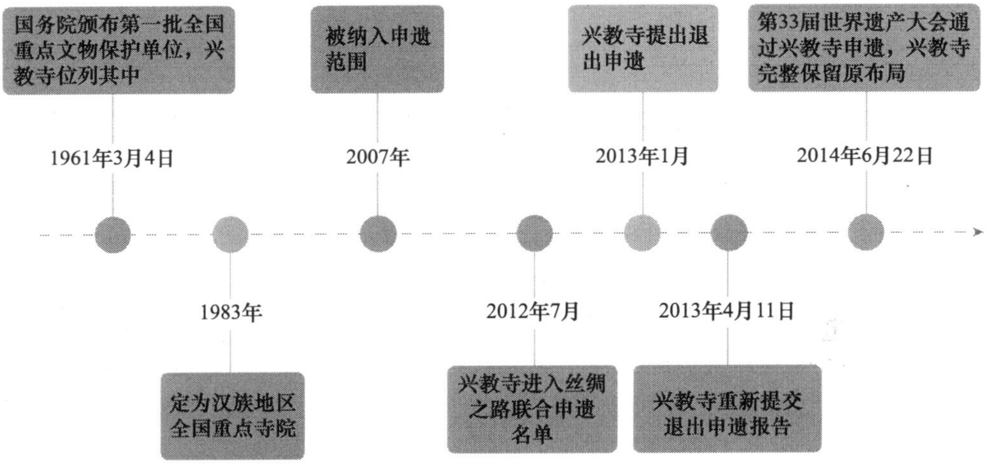

图1　兴教寺保护历程及申遗概况图

（二）兴教寺事件梳理（图2）

1. 事件缘起

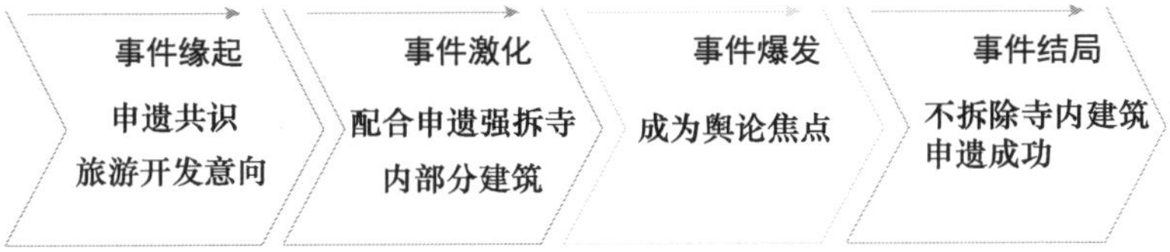

图2　兴教寺事件发展脉络

兴教寺在2007年被纳入申遗范围，当时经过当地政府与兴教寺内部僧侣的协

① 翟志芳：《佛教文化旅游资源的开发研究——以长安区开发为例》，西安建筑科技大学硕士学位论文，2011年。
② 任唤麟：《基于地理特征的跨区域线性文化遗产旅游形象策略研究》，《地理与地理信息科学》2017年第1期。

商之后，兴教寺方同意加入申遗队伍，此时政府未提及拆迁事宜；2012年3月，西安市长安区人民政府在官网公布《2012年西安市长安区重点招商项目》，项目中提出“以兴教寺为景区核心，建设一个融旅游、文化、商贸、园林、观光、休闲度假、宗教体验为一体的文化旅游综合体，计划总投资为2.3亿元人民币”。2012年7月，兴教寺被纳入丝绸之路联合申遗名单，当地政府与兴教寺关于申遗的意见达成一致。

2. 事件激化

2012年10月，兴教寺方被通知需要拆除部分寺内建筑，矛盾显现；2013年1月，兴教寺方为保护寺内建筑的完整性，提出退出申遗，但未获政府批准；2013年3月8日，兴教寺收到长安区民族宗教事务局拆迁通知，要求兴教寺的整个拆除工程在5月30日之前完成。兴教寺方与当地政府矛盾正式激化；2013年3月13日，申遗文本编制总负责人陈同滨教授及一行人实地考察兴教寺，政府介入后，导致兴教寺提出的异议未受到绝对重视。未经兴教寺僧人同意下，《西安市长安区丝绸之路申报世界文化遗产工作领导小组关于兴教寺塔申遗工作任务安排的通知》下达到兴教寺，兴教寺协商无果后，开始向网络求助。

3. 事件爆发

2013年4月10日，《南方都市报》记者高龙报道兴教寺因为申遗将遭受大规模拆迁的新闻——《拆迁逼近玄奘埋骨古刹》，引起观众强烈反响，各界人士纷纷回应。以此为开端，掀起遍及全国乃至世界的舆论热潮，迅速成为公众、媒体热议焦点。4月10～19日，围绕“兴教寺事件”，不同的利益群体站在不同的角度、立场展开热议（图3）。

通过百度搜索引擎及新浪微博搜索引擎，以“兴教寺”为关键词进行检索，得到全文含有“兴教寺”“申遗”字样的新闻报道共2510篇（图4），微博评论1756824条（图5），有效报道2269篇，评论1590443条[①]。尤其是4月11～12日，热度呈“井喷”式增长，成为舆论焦点式议题。

4. 事件结局

4月19日后，舆论逐渐平息，“兴教寺事件”逐渐淡出人们的视野。5月2日，兴教寺隆重举行宽池法师荣膺方丈升座庆典；6月22日，兴教寺原貌列入世

① 谭璐：《宗教领域突发事件网络舆情研究——基于“兴教寺事件”的案例分析》，西北大学硕士学位论文，2015年。

图3　舆论各方主要发言观点

（从左至右依次为"曲江系"公司、兴教寺、公众媒体以及民族宗教事务局及相关组织）

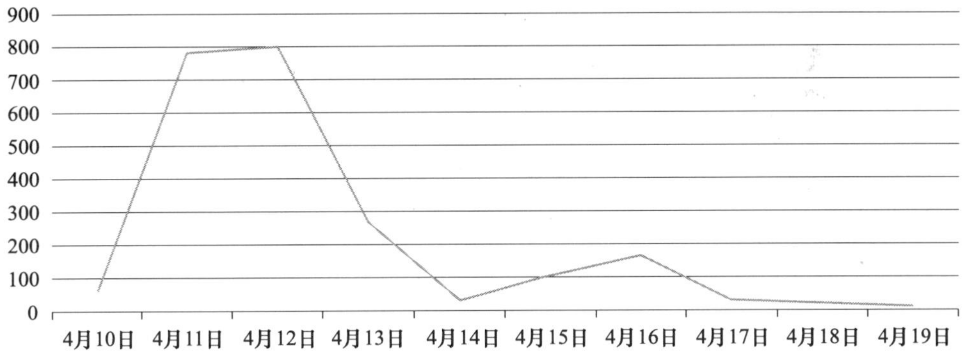

图4　4月10～19日"兴教寺事件"新闻报道量

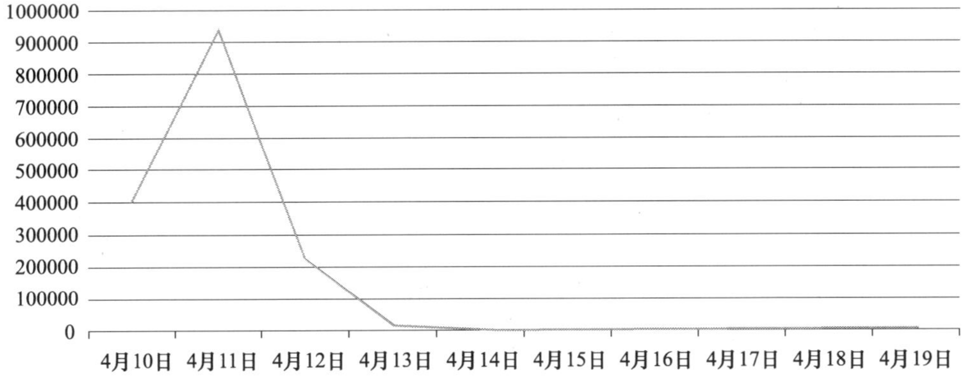

图5　4月10～19日"兴教寺事件"微博评论情况[①]

① 谭璐：《宗教领域突发事件网络舆情研究——基于"兴教寺事件"的案例分析》，西北大学硕士学位论文，2015年。

界文化遗产；7月26日，西安市人民政府颁布《兴教寺塔保护管理办法》，由长安区人民政府负责。

二、案 例 分 析

（一）利益相关者及诉求

兴教寺僧侣与当地政府的立场在某种程度上是一致的，但同时也存在一定的冲突与矛盾。兴教寺的良好健康发展，充分发挥历史文化内涵与价值是兴教寺僧侣和当地政府共同期望的，对于兴教寺僧侣而言，在不拆迁的情况下，兴教寺申遗可以为兴教寺正常开展宗教事务及活动带来更多的发展机会，提供较好的物质条件；对于当地政府而言，兴教寺申遗成功可以为当地经济创收提供机遇，提高自身政绩，扩大当地政府的信誉度和美誉度，也可以提升当地的知名度，为旅游业等行业的开展提供便利条件。

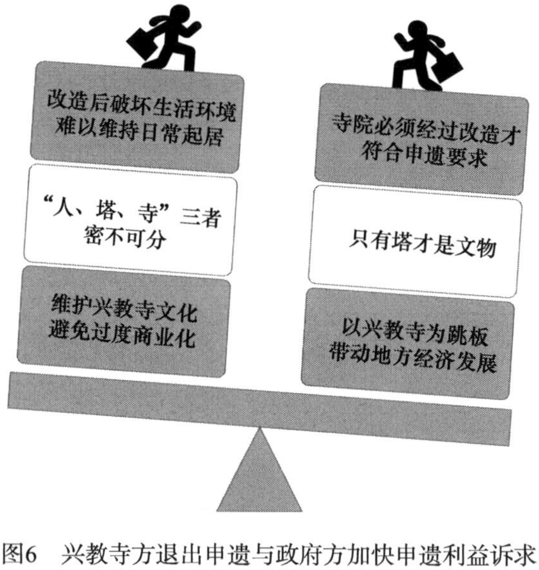

图6　兴教寺方退出申遗与政府方加快申遗利益诉求

在不涉及拆迁问题时，二者利益可以维持平衡。而寺院部分建筑拆迁就如同当地政府与兴教寺僧侣群体矛盾激化的"导火索"（图6），在"拆与不拆"的背后引发出历史遗产与现实生活、文化传承与旅游发展等诸多矛盾的权衡与考量。

相关参与群体主要划分为两个群体。

一方主要以曲江文化产业投资（集团）有限公司（以下简称曲江文投）为代表，包括部分申遗专家。2012年1月20日，长安区人民政府发布《兴教寺旅游区建设项目》，公布由曲江文投总投资21507万元，预计2014年完工。在舆论爆发期间，曲江文投表示并没有参与申遗事件。此外，负责申遗事项的陈同滨教授在谈到兴教寺申遗问题时，以"兴教寺申遗第一介入人"的身份讲述兴教寺申遗的具体细节以及拆迁的范围。5月31日她在北大举办讲座时，认为部分北大学生受媒体误导，并坚持“僧人撒谎”的结论，坚称“强拆、驱僧、占寺、商业开发等概念是伪命题”。安家瑶教授在接受《新闻1+1》采访时指出，拟拆除的兴教寺建筑是20世纪90年代后期的建筑，这实际上不属于文物范畴。

另一方主要以社会舆论群体、宗教群体、学者等为代表。2013年4月11日晚，国家宗教事务局新闻发言人就西安兴教寺遭“拆迁”一事做出回应。同日晚，国家宗教事务局网站刊登消息称“我局已经注意到媒体，并要求陕西省宗教局实地调查了解情况，协调当地有关部门听取包括佛教界在内的各方意见，依照相关法规和政策规定妥善处理”[①]。中国佛教协会发言人就拟拆除西安兴教寺部分建筑事件做出回应，强烈要求有关部门重视佛教界的合理诉求，尊重信教群众的信仰感情，切实保护佛教界的合法权益，在处理拆除兴教寺建筑的问题上与兴教寺僧团充分协商，认真听取佛教意见，使问题得到妥善解决，防止事态扩大，影响社会和谐稳定。中华人民共和国中央人民政府网公布的《中国佛教协会就拟拆西安兴教寺部分建筑答记者问》中，中国佛教协会就拆迁事件做出如下回答：“在未征得兴教寺僧团同意的情况下，拆除寺院建筑，严重违反宗教政策和法律法规，侵犯了佛教界的合法权益。”同时，宗教群体也纷纷表态。其中，明贤法师明确表示申请遗产的初衷是为了保护遗产，但兴教寺所遭遇的境况很有可能是以“申遗”之名行“毁遗”之实。精神世界的遗产不在乎新不新，大不大，气不气派。承载文化感情的历史遗物，哪怕只是一砖一瓦，在人们心目中也永远是沉甸甸的。作为千年古寺，兴教寺在1982年就被批准为“全国重点寺院”，其使用权和管理权应归佛教界所有，未经寺院同意，任何人都是不能强拆的[②]。法律界邢彦超、赵义斌等针对此事件从法律的角度进行解读，写有《拆除兴教寺需要考虑的法律问题》《西安佛协原法律顾问解析兴教寺拆迁三大原因》等文章。普隐学堂、河南佛教学院、社团巡礼、人文禅学社、北大禅学社等学术组织纷纷支持兴教寺，发表《解读兴教寺拆迁背后原因　三大矛盾透视真相》《关于兴教寺事件的声名》《宁为申遗挖祖坟是撤药换汤的遗产媚俗》等支持兴教寺一方的诸多文章与看法。

---

① 沈抒寒：《移花接木夺寺产　且看“唐僧肉”如何被瓜分》，凤凰网（2013年04月16日）https://fo.ifeng.com/news/detail_2013_04/16/24260377_0.shtml

② 明贤法师：《明贤法师谈兴教寺拆迁　挖了祖坟换了灵魂》，凤凰网（2013年04月12日）https://fo.ifeng.com/special/baoweixingjiaosi/pinlun/detail_2013_04/12/24154314_0.shtml

（二）兴教寺拆迁涉及相关法律

1. 扩建建筑

对于20世纪90年代添建的建筑，需要参考1982年的《中华人民共和国文物保护法》。暂不提之前增建的建筑，90年代之后陆续建立的影响文物保护单位整体风貌的建筑（兴慈楼、方丈楼、斋堂、僧舍等）实则是违法的。

1982年《中华人民共和国文物保护法》第十五条规定："核定为文物保护单位的属于国家所有的纪念建筑物或者古建筑，除可以建立博物馆、保管所或者辟为参观游览场所外，如果必须作其他用途，应当根据文物保护单位的级别，由当地文化行政管理部门报原公布的人民政府批准。全国重点文物保护单位如果必须作其他用途，应经省、自治区、直辖市人民政府同意，并报国务院批准。这些单位以及专设的博物馆等机构，都必须严格遵守不改变文物原状的原则，负责保护建筑物及附属文物的安全，不得损毁、改建、添建或者拆除。使用纪念建筑物、古建筑的单位，应当负责建筑物的保养和维修。"

相关人士介绍，兴教寺之前修建这些建筑向政府审批过，未获政府同意后仍然修建，政府没有及时制止。在修建完成之后，兴教寺交付了一定罚款，便"安然无恙"了，在一定程度上这是兴教寺方抱有"侥幸心理"而"知法犯法"。

西安市长安区城乡建设部门因监管不力而造成在《文物保护法》颁布之后仍陆续有新建筑出现在兴教寺的行为，是政府的失职和纵容的表现，相关政府部门同样需要承担相应法律责任。

2. 拆除建筑

为了配合申遗需要，政府决定将兴教寺内僧人用以生活起居的建筑拆除的做法属于违法行为。

1993年，国务院宗教事务局、建设部下发《关于城市建设中拆迁教堂、寺庙等房屋问题处理意见的通知》（国宗发〔1993〕21号），其中第一条规定："在城市建设中涉及教堂、寺庙等房屋的拆迁问题，应依照国务院《城市房屋拆迁管理条例》（以下简称《条例》）有关规定办理，既要服从城市建设的需要，又要维护宗教团体的合法权益。"第三条规定："对教堂、寺庙等房屋，除因城市整体规划和成片开发必须拆迁外，一般应尽量避免拆迁。必须拆迁时，在安置工作中要考虑到便利信教群众过宗教生活的需要。"第四条规定："需拆迁的教堂、寺庙等房屋，如属文物古迹，按国家关于文物保护的法律、法规处理。"

2004年国务院颁布的《宗教事务条例》（国务院令第426号）中第十九条规

定："宗教活动场所包括寺观教堂和其他固定宗教活动处所。寺观教堂和其他固定宗教活动处所的区分标准由省、自治区、直辖市人民政府宗教事务部门制定，报国务院宗教事务部门备案。"第三十四条规定："景区内有宗教活动场所的，其所在地的县级以上地方人民政府应当协调、处理宗教活动场所与景区管理组织及园林、林业、文物、旅游等方面的利益关系，维护宗教活动场所、宗教教职人员和信教公民的合法权益，保护正常的宗教活动。"

2002年《中华人民共和国文物保护法》第二十条规定："……无法实施原址保护，必须迁移异地保护或者拆除的，应当报省、自治区、直辖市人民政府批准；迁移或者拆除省级文物保护单位的，批准前须征得国务院文物行政部门同意。全国重点文物保护单位不得拆除；需要迁移的，须由省、自治区、直辖市人民政府报国务院批准。依照前款规定拆除的国有不可移动文物中具有收藏价值的壁画、雕塑、建筑构件等，由文物行政部门指定的文物收藏单位收藏。本条规定的原址保护、迁移、拆除所需费用，由建设单位列入建设工程预算。"

政府在兴教寺方不配合的情况下直接"越过"兴教寺的合法权益，在没有申报国务院批准同意的情况下，在国家文物保护单位直接进行拆迁工作，不仅仅是对兴教寺内文物的不尊重、不负责，更是对宗教团体合法权益的忽视。

3. 商业开发

对于当地政府是否采用了"曲江"模式来进行文化遗产的开发利用，目前我们已经无从考证。但至少"曲江"模式显现出来的是对文化遗产的过度商业化开发，以牺牲历史、艺术、科学、社会、文化等价值为代价，过分追求经济价值。

2002年《中华人民共和国文物保护法》第九条规定："各级人民政府应当重视文物保护，正确处理经济建设、社会发展与文物保护的关系，确保文物安全。基本建设、旅游发展必须遵守文物保护工作的方针，其活动不得对文物造成损害。公安机关、工商行政管理部门、海关、城乡建设规划部门和其他有关国家机关，应当依法认真履行所承担的保护文物的职责，维护文物管理秩序。"

文物保护的工作方针是"保护为主，抢救第一，合理利用，加强管理"，始终把文物的保护放在第一位，阐释其文化历史内涵和价值是文化遗产保护可持续发展的唯一途径，任何以牺牲文物为代价的无节制利用都是破坏文物的表现。当地政府需要正确处理文物保护与经济建设的关系。

（三）事件矛盾解析

首先，兴教寺拆迁事件折射出我国在申遗等文物保护工作中存在的问题。兴教寺拆迁事件的根本原因是前期申遗活动的分析论证不足。国务院将兴教寺塔列为第一批全国重点文物保护单位，同时备注包括兴教寺其他建筑，但是并没有指明兴教寺其他建筑包括范围，这对以后的文物保护工作留下隐患。在申遗论证过程中，仅仅将玄奘、窥基、圆测三座塔列入申遗范围，将其他承载宗教自然发展演变的实物载体割裂开来。宗教动态发展的关键载体——“人”也被僵硬地割裂出去，这是导致事件发生的直接原因。为了申遗的需要，而对这些真正承载宗教历史文化的因素一并抛去，是不是真正在保护文物，这是一个值得深思的问题。至于世界遗产能不能申报，怎么申报，不能仅由文物专家单方面来做决定，而是应该有更广泛的公众参与。在《新闻1+1》节目中，吴必虎教授讲到了最近几年中国各地政府申遗热情高涨的同时反映出来的问题：多数地方政府靠推动申遗来为自己创造政绩，申遗的成功直接带动地方旅游的发展以及地方生产总值的增长；地方政府对地方生产总值靠旅游拉动的期望普遍过高，导致对一些不适合发展旅游的世界遗产造成不可逆的破坏。

其次，法门寺的“前车之鉴”也是引起公众“一面倒”现象的重要因素。申遗并不是文物保护的目的，而是一种方式。申遗成功后，需要相关部门更加重视，按照国际文化遗产保护准则来对世界文化遗产进行应有的保护，而不是仅仅看到申遗成功带来的商业利益。只有保护到位，文化遗产的经济、社会价值才能够真正地发挥效力。即便申遗不成功，这些文化遗产的价值也是不容轻视的。时刻保持着对文化遗产珍视的态度，通过各种渠道探索最佳保护途径，才是相关部门应该持有的态度和做法。

最后，不同领域法律衔接还存在着各种矛盾。我国宗教法强调宗教群体的合法权益，文物保护法强调文物保护的相关准则，但是对于二者的交集并没有具体的说明和规定，这是需要相关立法完善的地方。

三、案 例 总 结

兴教寺拆迁事件反映的不仅仅是长安区政府与兴教寺僧侣的矛盾，更是目前申遗和文物保护工作的普遍现状。文物保护工作应该与时俱进。当今文物保护领域的“生态博物馆”“考古遗址公园”“传统村落”等概念的提出，反映了文物保护界对文化遗产的保护逐渐提升到动态的维度，在保护文物这个物质因素的同时，也关注到文化、历史、信仰等精神领域。正如《新闻1+1》节目中提到的，文化遗产不同于自然遗产，是因为有一个重要因素——“人”，这是文化遗产的有机组成部分，也是重要的组成部分，在考虑到相关政策法规的同时，也要考虑到人民的切身需求，这样，遗产保护工作才能持续长久。

浙江省芝堰村陈洪柏拆毁文物保护单位被捕事件分析

一、案 例 介 绍

芝堰村位于浙江省兰溪市黄店镇政府驻地以北约8000米处，始建于宋代，保留至今，历史悠久。2006年，兰溪市芝堰村建筑群被评为第六批全国重点文物保护单位，芝堰村63处老屋榜上有名（图1）。

2012年11月23日，金华兰溪黄店镇芝堰村人陈洪柏因拆了自家的老房子，涉嫌故意破坏文物罪被兰溪市检察院批捕。根据法律规定："故意毁坏确定为全国

图1　浙江省兰溪市黄店镇芝堰村[①]

① 李昕艺：《"古驿芝堰　清凉一夏"兰溪芝堰古村举办第二届清凉节》，浙江在线（2019年8月13日）https://jinhua.zjol.com.cn/sh18696/201908/t20190813_10799304.shtml

重点文物保护单位的，处以三年以下有期徒刑或者拘役，情节严重的，处以3～10年的刑罚。”

陈洪柏家的房子是芝堰村一幢有200多年历史的清代木结构建筑。在2006年6月，国家文物局公布的第六批全国重点文物保护单位名单中名列该村63家全国重点文物保护建筑第62家。

陈洪柏的老宅年久失修，多处漏雨、梁架蛀空，出于居住的需要，陈洪柏拆毁老宅打算更新建房。随后，陈洪柏因拆毁全国重点文物保护单位被公安机关带走，并被要求将已拆毁建筑恢复原状，当地有关部门下发了《停止侵害通知书》和《违法建设停工通知书》，告诫其停止拆毁行为。

据了解，此类矛盾并不是个例，经记者走访，多户村民对家中的国保单位的保护问题表示十分无奈。

兰溪市文化广电新闻出版局文物科有关领导表示，他们每年投入的修缮各种古建筑的经费就有上百万元，而陈洪柏家的房子不属于危房，并且他们也没收到陈洪柏家的修缮申请。

芝堰村村主任陈赛忠表示，村里曾经向上级申请过维护，但没有获得批准。从2006年村里63栋建筑成为国保单位以来，村里并没有获得过维护修缮房屋的资金。

2009年1月国家文物局发布的《国家文物局关于在兰溪芝堰村建筑群保护范围和建设控制地带内进行民宅翻建的批复》中明确表示允许在有关文件的要求下，对村中部分古宅进行修缮。

浙江省文物局：

你局《关于全国重点文物保护单位兰溪芝堰村建筑群保护范围和建设控制地带内民宅翻建的请示》（浙文物发〔2008〕265号）收悉。我局原则同意对位于兰溪芝堰村建筑群保护范围和建设控制地带内的陈先松、陈柏松、陈文俊、陈伟强、陈伟忠等5户民宅在原基址上进行翻建，拟翻建的房屋高度不能超出保护范围和建设控制地带的控制要求，其风格、体量、色彩等应与兰溪芝堰村建筑群环境风貌相协调。具体方案由你局审定并监督实施。

此复。

国家文物局

二○○九年一月十九日

芝堰村古宅的修复问题，成为矛盾所在。

二、案 例 分 析

纵观陈洪柏拆毁自家老宅被捕这一事件，其核心的利益冲突在于陈洪柏的个人利益与社会集体利益的冲突。陈洪柏家的老宅有着个人住宅与全国重点文物保护单位的双重角色，一方面老宅需要满足陈洪柏一家基本的生活需求，另一方面作为重要文化遗产的存留，老宅承担着传承历史文脉之用，自被评选为全国重点文物保护单位之日起，就受到《中华人民共和国文物保护法》的保护，代表着社会集体利益。当老宅年久失修，日渐破旧的时候，已经不能满足陈洪柏一家的基本生活需求，陈洪柏拆毁自家的老宅，同时损害了社会集体利益，与《中华人民共和国文物保护法》的有关要求相悖，故而有了拆毁自家老宅被捕的局面（图2）。

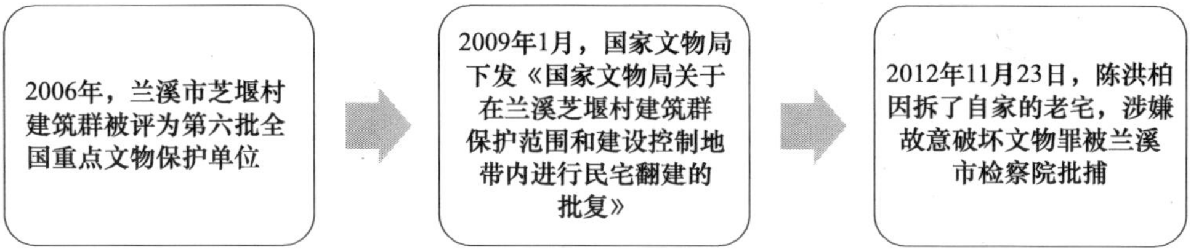

图2　陈洪柏拆毁自家文物保护单位房屋被捕事件经过

《中华人民共和国文物保护法》第二十一条规定：

> 国有不可移动文物由使用人负责修缮、保养；非国有不可移动文物由所有人负责修缮、保养。非国有不可移动文物有损毁危险，所有人不具备修缮能力的，当地人民政府应当给予帮助；所有人具备修缮能力而拒不依法履行修缮义务的，县级以上人民政府可以给予抢救修缮，所需费用由所有人负担。
>
> 对文物保护单位进行修缮，应当根据文物保护单位的级别报相应的文物行政部门批准；对未核定为文物保护单位的不可移动文物进行修缮，应当报登记的县级人民政府文物行政部门批准。
>
> 文物保护单位的修缮、迁移、重建，由取得文物保护工程资质证书的单位承担。
>
> 对不可移动文物进行修缮、保养、迁移，必须遵守不改变文物原状的原则。

《中华人民共和国文物保护法》第二十一条具体规定了在不可移动文物需

要进行修缮时，各个相关方所需要承担的责任和义务。对古宅的及时修缮是解决本事件中矛盾的核心。若能对陈家古宅进行及时修缮，陈家的个人利益得到了满足，拆毁古宅的行为可以避免，个人利益与集体利益的矛盾点自然可以化解。

三、深层次问题剖析

既然解决此次事件的关键在于对陈洪柏家古宅的及时修缮，那么围绕古宅修缮这一核心衍生出的相关问题是值得我们去思考的。

1. 进行修缮具体标准的不明确

在新闻媒体的报道中，我们得知，当地有关部门每年投入古建筑修缮的经费高达上百万元。兰溪市文化广电新闻出版局文物科科长童友良表示，他去陈洪柏的房子看过，不属于危房，他们也没有收到过陈洪柏的修缮申请。

从当地有关部门的角度来讲，陈洪柏家老宅不属于危房，而且没收到过修缮的申请，因此陈家老宅不需要进行修缮。损坏至什么程度的古宅才算达到修缮的标准，修缮标准是否应该有具体明细，以使古宅的居住者对古宅修缮的具体要求有细致的了解？做到“有法可依”，是解决古宅修缮问题的重要手段。

2. 文物保护工作应当“活”起来

从实际情况看，陈洪柏家老宅的确已经因为年久失修的问题，给居住其中的陈洪柏一家带来了很多的困扰，这一点是当地文物保护部门所未能预见的，而这一问题也是陈洪柏拆毁自家房屋的重要因素。如果真如当地文物保护部门所讲，陈洪柏家老宅在房屋质量上并无问题，那么当当地村民因实际需求要求对古宅进行修缮的时候，当地文物保护部门是否应该具体问题具体分析，针对居民的需求去解决实际的文物修缮问题呢？此事件中，如果当地文物保护部门能够及时地了解到陈洪柏家的具体情况，灵活地开展与文物保护有关的工作，并帮助陈洪柏对古宅进行修复工作，那么这次拆毁自家“国保单位”房屋的事件，应当能及时地避免。

当地文物保护工作应该改“被动接受”为“主动出击”，古建筑出现问题的报修流程是由村民报告村委，再由村委上报，这是一种“被动接受”的工作状态。实际文物保护工作牵涉复杂，文物保护部门应主动到产生问题的一线去了解文物保护的具体问题，这样才能把握全面的信息和具体细节，文物保护工作的开展才更能有的放矢。

3. 文物保护单位的保护工作应当及时跟进

文物保护单位的评定对当地政府工作政绩有着巨大的影响，各文化遗产一旦被评选成为重点文物保护单位，后续一系列的文物保护工作就应当随即开展。《中华人民共和国文物保护法》中第九条和第十条明确规定：

> 第九条　各级人民政府应当重视文物保护，正确处理经济建设、社会发展与文物保护的关系，确保文物安全。
>
> 基本建设、旅游发展必须遵守文物保护工作的方针，其活动不得对文物造成损害。
>
> 公安机关、工商行政管理部门、海关、城乡建设规划部门和其他有关国家机关，应当依法认真履行所承担的保护文物的职责，维护文物管理秩序。
>
> 第十条　国家发展文物保护事业。县级以上人民政府应当将文物保护事业纳入本级国民经济和社会发展规划，所需经费列入本级财政预算。
>
> 国家用于文物保护的财政拨款随着财政收入增长而增加。
>
> 国有博物馆、纪念馆、文物保护单位等的事业性收入，专门用于文物保护，任何单位或者个人不得侵占、挪用。
>
> 国家鼓励通过捐赠等方式设立文物保护社会基金，专门用于文物保护，任何单位或者个人不得侵占、挪用。

在文物保护单位不断增多的情况下，各地方政府更应当结合本地的财政情况，随着文物保护单位数量的增多而增加对文物保护单位有关经费的支出。避免出现在后评选时期对文物保护单位“不爱管”“不想管”的情况。对文物保护的各种具体细节应当及时跟进，让每个文物保护单位，上至国保、下至市、县保都不掉队。

四、相关依据

《国家文物局关于在兰溪芝堰村建筑群保护范围和建设控制地带内进行民宅翻建的批复》

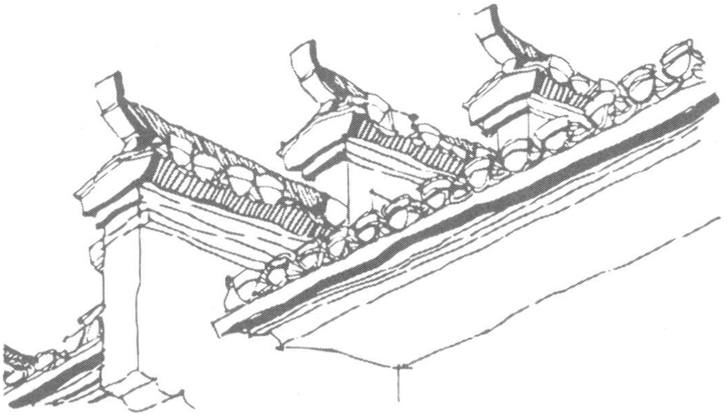

文物异地迁置与倒卖类

成龙境外捐赠徽派古建筑事件分析

一、案 例 介 绍

2013年4月4日，中国香港演员成龙新浪认证微博连更四条，公布自己要将20年前购藏的10间安徽古建筑中的4间捐赠给新加坡大学做教学之用的消息。据《联合早报》报道，这四栋古建筑其实早已在2010年就运抵新加坡并被库存起来（图1）[①]。消息一出，顿时引发公众热议，相关评论褒贬不一。

对于国人认为他把中国文物捐赠出去的质疑，成龙辩解称，这批徽派古建筑并不算是文物，只是一些老民居；20年来，这批建筑构件一直堆积在他的库房中，而且他也一直在对其进行维修，已经尽到了某些责任。

成龙还表示，自己非常想将这四栋古建筑留在国内，可是内地并没有一套适合的接收制度，反而招来内地多家房地产商，他们对真正保护古建筑，弘扬建筑

图1　坐落于新加坡科技大学校园内的徽派古建筑[②]

---

① Alpaca：《成龙：除了捐给京沪港　四栋古建筑须留新加坡》，《联合早报》2013年5月12日。

② 图片来源于微博@董明峰ddd：https://m.weibo.cn/detail/4035533203971849

文化并不感兴趣，这令成龙大失所望。早期成龙还倾向把这批古建筑建于寸土寸金的香港，但也处处受限。

成龙看着古建筑因为没有专人的悉心照料而日渐破损，万般无奈下，只好选择和新加坡合作；并称将古建筑捐赠于新加坡有利于加强中新文化友好交流，还能使这批古建筑得到最大限度的保护。

对于成龙的这种说法，有些人表示认同支持，有些人则表示愤怒与不理解，认为成龙既然辩解捐赠古建筑属于爱国行为，又何必舍近求远？徽派古建筑作为中国的文化遗产不该任意向外国进行捐赠，主张应让文物回到故地。专家则更多地关注这批徽派建筑是否为文物的问题，因为这直接关系到它们购买、拆迁、捐赠以及走出国门等一系列程序的合法性。

二、案 例 分 析

（一）时间脉络梳理（图2）

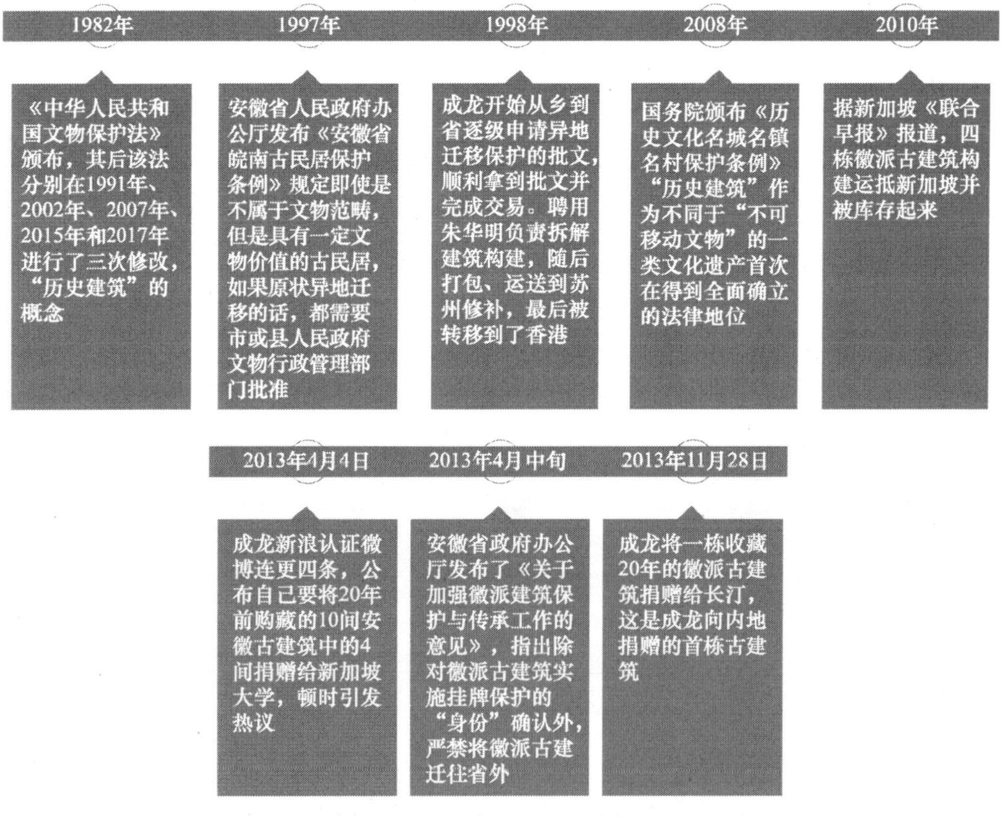

图2　成龙购买捐赠徽派古建筑以及相关各级法规出台时间

（二）事件焦点（图3）

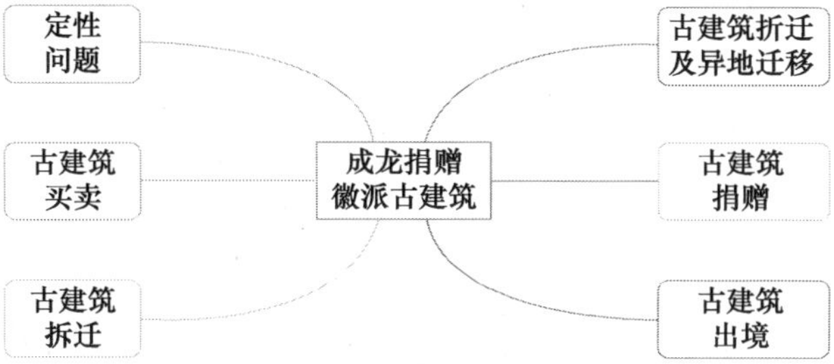

图3　成龙购买捐赠徽派古建筑事件焦点

成龙捐赠给新加坡的是一批具有200～400年历史的徽派古建筑构件，属于明清时期文物，包括三栋古屋、一座古戏台和一间小木屋，所用材料不乏一些名贵树种，总价值约5亿元人民币[①]。由此可见，这批徽派古建筑属于中国古代建筑的精华，具有很高的价值。

成龙捐赠古建筑之所以受到诸多讨论与质疑，主要原因在于成龙购买捐赠徽派古建筑是一系列的行为，涉及文物定性、古建筑买卖、古建筑拆迁及异地迁移、古建筑捐赠、古建筑出境等问题。

此外，争辩成龙购买捐赠古建筑事件是否合情合理远远不够。此案例涉及多地多级法律政策，并且时间跨度二十余年，事件环环相扣，暴露了当时我国文物保护立法的漏洞与执法工作的力不从心，但这也推动了《文物保护法》的完善与修正。时隔多年，再用现行的文物保护法律去衡量定夺此事反而更易看出我国法律政策是否真正做到了裨补缺漏。

三、事件发展过程中涉及法律及制度深层次问题

（一）文物的定性

我国第一次全国文物普查工作始于1956年，但普查规模小、覆盖面窄，普查工作也并不规范，甚至没有留下统计数据[②]。第二次全国文物普查工作自1981年秋至1985年，其规模和成果均超过第一次，但受资金、技术等制约，仍然有漏查。

---

① 李耀斗、孟德夫：《成龙捐古宅　是对还是错？》，《大连日报》2013年5月21日。

② 汪红蕾：《成龙捐赠与古建保护》，《建筑》2013年第9期。

在前两次全国文物普查工作中，成龙于20世纪90年代购买的徽派古建筑均未登记在册，所以也并非各级文物保护单位，只能算是中国优秀历史建筑，与城镇化开放用地时，很多被拆毁夷平的传统民居一样，并未得到当地政府及时的关注与保护。

1982年，我国颁布了《中华人民共和国文物保护法》，其后该法分别在1991年、2002年、2007年、2015年和2017年进行了五次修正，在该法中并没有“历史建筑”的概念，规定的“不可移动文物”相关内容主要包括各级文物保护单位，不涉及其余具有文化历史价值的建筑物。

我国地大物博，文物数量庞大且分布广泛，但国有文物资源大部分的实际日常占有使用以及管理权分散在各级各类不同性质机构和个人手中，很容易出现双向信息严重不对称的矛盾，又怎能依据主观情感来判定评估文物的价值呢？我国文物保护工作任重道远，文物认定真正做到有法可依才是最终选择。

总之，诸多材料表明，这批徽派古建筑确实具有文物价值，但并未在文物普查中登记，尚未取得“文物保护单位”身份。客观来讲，未经认定的不可移动文物不受《文物保护法》的保护。那这批古建筑的问题便只涉及合理与否，不涉及法律。显然，我国在对未经及时认定但具有文物价值的文化遗产保护工作中存在缺环，在文物认定上缺乏快速反应机制，流程过慢，缺少文物快速认定的立法，更多时候，只能依靠相关人员保护文物的自觉性，那便存在了很多不稳定因素，且难以长期维系。

2008年7月1日，国务院颁布《历史文化名城名镇名村保护条例》（以下简称《条例》），根据现行《条例》规定：“历史建筑，是指经城市、县人民政府确定公布的具有一定保护价值，能够反映历史风貌和地方特色，未公布为文物保护单位，也未登记为不可移动文物的建筑物、构筑物。”

这是“历史建筑”作为不同于“不可移动文物”的一类文化遗产首次得到全面确立的法律地位，此后地方对历史价值的立法保护也更加积极。

成龙2013年捐赠的徽派古建筑属于受《条例》保护的历史建筑，但《条例》并未对历史建筑的买卖、捐赠、出境等问题进行明文规定。虽然《条例》有涉及不可擅自拆迁、改变历史建筑原状的规定，但成龙异地迁移古建筑的行为发生在20世纪末，《条例》无溯及力。

就目前我国有关历史价值的现行法律制度来看，国家级立法存在部分规定不明确、内容较为分散的问题，而地方法律又存在执法受限、标准不统一等问题。由此可见，我国现行的历史建筑保护法律法规还有很长的路要走。

（二）古建筑的买卖

20世纪90年代，成龙购买徽派古建筑的行为是否合法，我们只能按照当时国内的有关文物保护法律法规来认定。据安徽省文物局相关负责人介绍，成龙购买古民居发生在20世纪90年代，由于时间过长且无相关购买记录，如今调查和考证存在较大难度。另外，除成龙本人透露其古建是从安徽购买外，具体购自何处尚不能完全确定。

据悉，安徽省不少徽派古建筑在经过长时间的使用之后，原有的建筑风貌遭到不同程度的损坏，部分严重老化。还有居民因改善居住环境而搬出老房，不愿花费财力与精力对老宅进行修缮，导致部分老宅受损程度进一步加深。除了自然和历史等不可抗拒的因素外，因保护意识薄弱而造成的人为损害也是徽派古建筑遭到严重损坏的重要原因。

安徽地区古建筑的流失从20世纪中叶就开始了，最先是祠堂、庙宇等公共财产的相关构件，后来越来越多的私人房屋由于年久失修而几近倾倒拆迁，徽州地区许多古村落正在消失。像成龙、秦同千这些民间收藏家陆陆续续开始对此类旧宅“抢救性收购”，并进行迁移、修缮和重建。

1997年，安徽省人民政府办公厅发布《安徽省皖南古民居保护条例》，规定即使不属于文物范畴，但是具有一定文物价值的古民居，如果原状异地迁移的话，都需要市或县人民政府文物行政管理部门批准。像徽派古建筑这类未被划为文物的民居，收藏家与村民谈好价格，就开始从乡到省逐级申请异地迁徙保护的批文，顺利拿到批文并完成交易的案例不在少数。

根据第三次全国文物普查结果，在我国已登记的766722处不可移动文物中，保存状况较差的占17.77%，保存状况差的占8.43%，4.4万处不可移动文物已消失。仅安徽黄山市就有1000多栋古民居亟待修缮保护①。黄山市文物局局长胡荣荪承认，民间买卖在客观上保护了古建筑：“早些年政策不完善时，建筑流失的比例大约是千分之几，和原地倒塌的比起来算是极少数了。”②流失的古建筑已经无法追回，政府甚至很难对民间买卖私人旧宅的行为划出底线。

2013年4月中旬，安徽省人民政府办公厅发布《关于加强徽派建筑保护与传承工作的意见》（以下简称《意见》），指出除对徽派古建筑实施挂牌保护的“身份”确认外，严禁将徽派古建迁往省外。可《意见》发布是在成龙完成捐赠之后，因此难以依法追回这批古建筑。

由此可见，成龙在20世纪90年代购买这批徽派古建筑时并未触及当地的文物保护政策，显然也没有被当地相关机构阻止，不涉及法律层面，而且在客观上还挽救了这批古建筑，在成龙收藏这些古宅并且抢救和修复它们时，更多的古建筑却倒在了房地产商的铲车下（图4）。

---

① 汪红蕾：《成龙捐赠与古建保护》，《建筑》2013年第9期。

② 《隐秘的流失　徽派建筑保护难过“钱”关》，《中华建筑报》2013年7月2日。

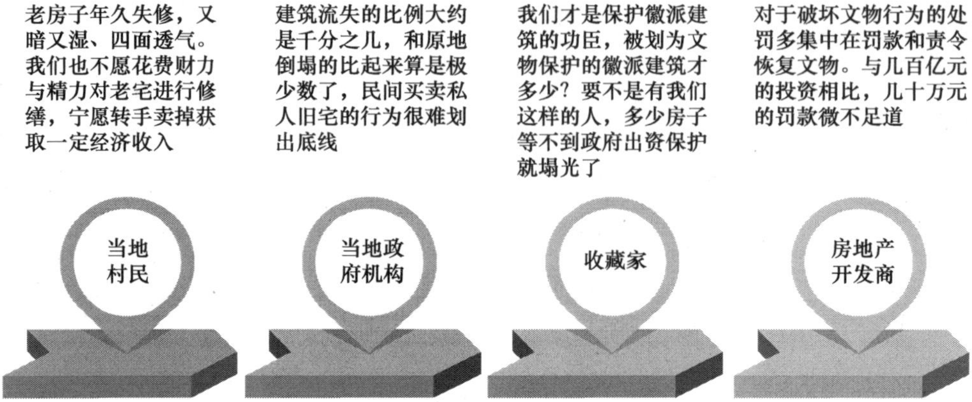

图4　徽派古建筑买卖利益相关者

（三）古建筑的拆迁与异地迁置

根据现行《中华人民共和国文物保护法》第二十六条规定：“使用不可移动文物，必须遵守不改变文物原状的原则，负责保护建筑物及其附属文物的安全，不得损毁、改建、添建或者拆除不可移动文物。”

根据《条例》第三十三条规定：“任何单位或者个人不得损坏或者擅自迁移、拆除历史建筑。”第二十一条规定：“历史文化名城、名镇、名村应当整体保护，保持传统格局、历史风貌和空间尺度，不得改变与其相互依存的自然景观和环境。”第二十三条规定：“在历史文化名城、名镇、名村保护范围内从事建设活动，应当符合保护规划要求，不得损害历史文化遗产的真实性和完整性，不得对其传统格局和历史风貌构成破坏性影响。”

虽然《条例》对古建筑异地拆迁等问题进行了规定，但据悉，这10栋徽派建筑早在20世纪90年代就已经脱离了原本的人文环境，至于成龙何时何地、以何种方式，把原本属于谁人的10栋古建筑买下，然后拆散、打包、运到苏州已不可知，且当时也无明文禁止。

古建筑离开所处的历史人文环境，其真实性会大打折扣，可在古建筑处于恶劣的环境时，考虑抢救性迁移是不可避免的。迁建是建筑遗产异地保护的技术措施，即将迁建对象分成基本构件和组成部分，然后迁至异地组装、拼接、恢复整体风貌。就保护措施对遗产的干预程度而言，迁建无疑是最大的，对技术措施的要求很高。

据悉，成龙是在1998年完成这批徽派古建筑的迁建的，当时聘请了专业的团队，由专人指挥工人为构件编号，又小心地拆下来，用纸板箱等包好。由于道路不好走，构件只能先用拖拉机拖出来，再装卡车运到苏州。比起行业内其他许多收藏家直接让当地村民拆解古建筑构件来讲，成龙对这批古建筑的异地迁建所造成的损害已经很低了，这一点是值得肯定的。

（四）古建筑的捐赠

单体木质构件被买卖由来已久。根据现行《文物保护法》第二十四条规定："依法拆除的国有不可移动文物中的壁画、雕塑、建筑构件等，经文物行政主管部门的认定不具有收藏价值的文物可以进行买卖。"也就是说，拆除的建筑构件在向文物行政主管机关申请收归国有后，经文物行政主管部门认定不具有收藏价值，作为普通物件进行销售或者赠予的，公民个人、法人、其他组织依法购买、接受赠予等方式。《文物保护法》以该条规定给予认可和保护。

《文物保护法》第二十四条规定："国有不可移动文物不得转让、抵押。建立博物馆、保管所或者辟为参观游览场所的国有文物保护单位，不得作为企业资产经营。"第二十五条规定："非国有不可移动文物不得转让、抵押给外国人。非国有不可移动文物转让、抵押或者改变用途的，应当根据其级别报相应的文物行政部门备案……"

以上是现行《文物保护法》对于文物转让、抵押、买卖等方面的规定，至于未被认定为文物的历史建筑不具备法律效应。而《条例》中也无关于历史建筑捐赠等方面的明文规定。所以，从法律的层面讲，成龙依物权法享有处分自己财产的权利，至于其捐赠给新加坡的决定，外人无权干涉。社会各界议论的焦点便只能是此举是否合理了。

早期成龙还倾向把这批古建筑建于寸土寸金的香港，但却处处受限，而在内地，涉及名人捐赠的公益社团发展尚不成熟，捐赠给国家的珍贵藏品以易于收藏的字画以及小型文物或非文物藏品为主，除非地方政府主动牵线，成龙这批看上去破旧不堪、维修成本高、占地面积大的古建筑构件，自然捐不出去[①]。在当时的社会条件下，选择新加坡这样的海外公益社团似乎是唯一的出路。

（五）古建筑的出境

中国对文物出境有明确的时间限定：凡1911年以前的文物一律禁止出境，1949年以前的文物原则上禁止出境，1966年以前的少数民族文物禁止出境。根据《文物进出境审核管理办法》（2007）第八条规定："下列文物出境，应当经

① 和静钧：《应建立名人藏品捐赠的接收机制》，《广州日报》2013年5月14日。

过审核：（一）1949年（含）以前的各类艺术品、工艺美术品；（二）1949年（含）以前的手稿、文献资料和图书资料；（三）1949年（含）以前的与各民族社会制度、社会生产、社会生活有关的实物；（四）1949年以后的与重大事件或著名人物有关的代表性实物……”

由相关法律规定可见，我国对于文物出境审核越来越严格，可是对于未经认定为文物的历史建筑这类物质文化遗产的出境条例仍旧是空白。相关部门也无法阻止这批古建筑出境。客观来讲，若国内当时可以提供良好的保护展览场地，这一事件可能就不会发生。

正如我国古建筑学家程极悦所说：“当我们的文物保护真正有了违法必究的问责制和行之有效的管理方式的时候，民间古建筑才不会因为缺乏保护措施而不断消逝在岁月的风风雨雨之中，才可能让手头有像成龙先生那样珍贵的文物或民俗文化器物的人士，能够对祖国的文化遗产保护有足够的信任，进而愿意将他们的收藏留在国内或捐赠给相关文化机构。”①

说到底，我们的根本目的不是将成龙的古建筑拴在国内，而是要尽快完善文物保护立法加大文物保护力度，对古建筑进行有效的保护和充分的利用。

（六）反思

成龙捐赠徽派古建筑一事，充分暴露出我国在文物认定机制、历史建筑保护管理以及名人捐赠收藏机制等方面存在短板，甚至是漏洞。

在城镇化迅速推进，立法不完善、相关部门资金缺乏、涉及人员利益难以协调等难题困扰的情况下，完善文物快速认定机制，强化事前预防和保护，加强文物、公安、城建规划等部门的联动机制建设，鼓励企业、事业单位、社会团体和个人参与文化遗产保护，最终建立起全面的监管管控体系，才能及时制止历史建筑被拆迁和毁坏，最大限度地保护我们的文化财富。

---

① 李佳霖：《2013遗产保护：挑战与成果并存》，《中华文化报》2013年12月26日第3版。

关于山西省古建筑倒卖问题的探讨

一、背景介绍

古建筑是我国优秀文化遗产的重要组成部分，其承载的价值不可估量。因为古建筑自身具有鲜明的文化延续性和地域性，所以“原址原状”保护是维持其生命力的最佳选择，这也决定了古建筑保护的特殊性。近年来，随着经济建设和城镇化进程的加快，大量古建筑被拆除，古建筑的倒卖事件频频发生。屡禁不止的倒卖问题暴露了古建筑被经济利益裹胁的现象，以及相关法律与监管的缺失。目前，古建筑倒卖问题突出的地区已陆续出台相应的地方性政策加以遏制，如山西、安徽、江西等古建筑资源大省。本文将以山西省为例，结合山西省古建筑保护现状和未来方向，简要对山西地区古建筑倒卖问题加以分析探讨。

古建筑倒卖事件频发的根本原因是当地有丰富的古建筑资源，这也是山西省古建筑保护较为困难的重要原因。据国务院核定公布的第八批全国重点文物保护单位名单，山西省共有全国重点文物保护单位531处，其中古建筑有421处，数量居于全国第一①。山西省古建筑的总数量更是达30余万处，约占全国古建筑数量的80%。正是基于山西省深厚的资源，古建筑倒卖情况愈发严重。

2013年，山西省晋中市榆次区庄子乡六台村村委，因村中古戏台被拆卖一事受到行政罚款10万元的处罚。经调查，被拆卖的清代戏台不属于文物保护单位，但曾在2009年第三次全国文物普查中被登记为不可移动文物，其产权归村集体所有。该戏台于2011年未经报批被村委擅自拆除，后于2013年被迁卖至广东番禺一座园林内。事件曝光后，经晋中文物局督促榆次区文物部门向庄子乡六台村送达行政处罚告知书，给予六台村村委行政罚款10万元的处罚，并按照《中华人民共和国文物保护法》（以下简称《文物保护法》）及相应程序进行了后续处理②。其实在六台村之前，就有山西省万荣县里望村村委会以5万元的价格将村里清代古戏

---

① 弓凤飞：《山西国保单位数量傲居全国第一　古建大省地位显赫》，《太原日报》2019年10月31日。

② 白续宏：《一条微博引发一桩古戏台保护案》，《山西日报》2013年12月25日。

台卖到了山东省菏泽市郓城县的一座文化公园，在当时这样的“迁建”并未引起足够重视。此外，万荣县上井村的一座古庙正殿、配殿、戏台等全部被卖掉，且不知去向[①]。

以上拆卖行为是古建筑倒卖的手段之一。此外，山西省的古建筑还遭到频繁盗卖。随着古建筑收藏热的兴起，山西省的精美古建筑及其构件成为不法分子的目标，他们在高额利益驱使下通过偷盗古建筑构件进行地下交易牟取暴利。2016年底起，山西省长治市崇庆寺、平顺大云院、潞城原起寺等三处国家重点文物保护单位屋顶的建筑构件连续被盗，所幸于2017年4月追回。经警方调查，该系列古建筑构件盗窃案是同一盗窃团伙所为，以非法获利为目的，共作案14起，案件涉及太原、晋中、吕梁多地[②]。可见，古建筑的盗卖已向组织化、集团化发展。除了全国重点文物保护单位的建筑构件，保护等级较低乃至无保护级别的古建筑及其构件，无一例外成了被盗卖的对象，最终流入古建筑倒卖市场。总之，拆卖与盗卖行为共同促成了古建筑倒卖链的产生，山西省的古建筑正在加速流失。

二、涉及问题分析

古建筑倒卖问题并不是一个新问题，它的滋长无疑反映出在当今发展条件下古建筑保护相关的法律法规与其保护现状和需求的不适应性，也凸显了市场经济的发展与古建筑保护意识缺失之间的矛盾。因此，古建筑倒卖问题是一个系统性的问题，需要建立完善、长效的整体性机制来解决，即从立法到监管，从中央到地方，从行为到意识等的全面协同配合（图1）。

（一）立法环节

1. 法律政策空泛

古建筑倒卖问题的根本在于古建筑的买卖行为，而目前对古建筑买卖行为的合理性缺乏定论，因此无法从法律层面为遏制古建筑倒卖提供可靠依据，导致古建筑倒卖的后续处理缺乏坚实的法律基础。现行《文物保护法》中第六

---

① 陈忠华、晏国政、王学涛：《山西古建筑文物频遭盗卖　部分庙宇被整座卖掉》，《瞭望新闻周刊》2014年7月20日。

② 屈畅：《山西破获古建筑构件被盗系列案：破案14起　抓获嫌疑人6名》，《北京青年报》2017年4月30日。

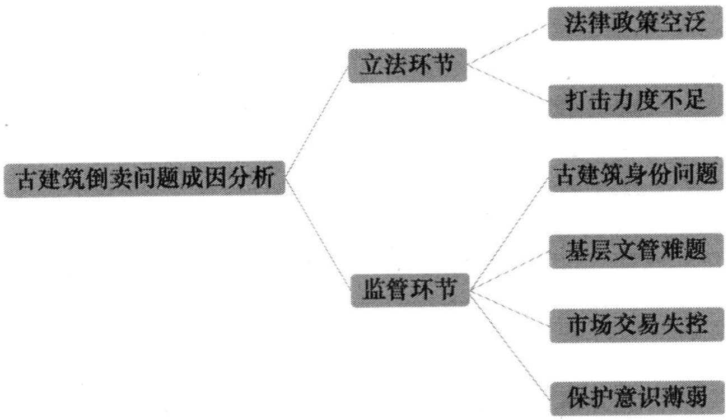

图1 古建筑倒卖问题成因分析图示

条①对古建筑做出相关规定的主要为不可移动文物的部分，还有第二十五条规定："非国有不可移动文物不得转让、抵押给外国人。非国有不可移动文物转让、抵押或者改变用途的，应当根据其级别报相应的文物行政部门备案……"第二十六条规定："使用不可移动文物，必须遵守不改变文物原状的原则，负责保护建筑物及其附属文物的安全，不得损毁、改建、添建或者拆除不可移动文物。"等等。可见，目前与古建筑买卖行为相关的规定较为笼统，只对其不得转让、抵押给外国人做出了要求，并未明确涉及其买卖交易问题。因此不难看出在现行《文物保护法》下，针对古建筑倒卖问题缺乏上位法的硬性规定。

加强地方性政策是另一有效途径。山西省文物局曾结合自身实际因地制宜地出台过一系列政策法规，如2013年2月制定的《山西省文物建筑构件保护管理办法》、2016年底公布的《山西省文物建筑构件保护办法》等。这些政策的出台都发挥了一定的作用，短期内打击了古建筑倒卖链的生存空间，但从长期实践来看，均未取得理想效果。一来，这一系列政策界定模糊，古建筑及其构件保护范围仍不够详明，存在泛文物化问题，进而导致可操作性差，难以长期贯彻法律法规；二来，这类政策法律效力较低，并未引起足够重视。因此，除了配合严格执法，建立古建筑保护问责制度也可以逆向弥补这一缺陷，倒逼地方性政策法规的完善。

2. 打击力度不足

古建筑倒卖现象严重还暴露了古建筑保护在法律层面的另一短板——打击力度过小。《文物保护法》中第七章法律责任部分涉及古建筑倒卖后果的主要有第

① 《中华人民共和国文物保护法》第六条："属于集体所有和私人所有的纪念建筑物、古建筑和祖传文物以及依法取得的其他文物，其所有权受法律保护。文物的所有者必须遵守国家有关文物保护的法律、法规的规定。"

六十四、第六十五、第六十六、第七十五条[①]。以目前山西省古建筑频遭搬迁、收购为例，多数被破坏的古建筑存在保护主体职责不明、意识不强的问题。此外，古建筑倒卖后果轻微，多为责令改正或酌情罚款，即大多数古建筑倒卖成本较低。因此，不法分子为追求高额利润，促使古建筑及构件大量汇入地下交易。

2015年，住房和城乡建设部、原国土资源部和公安部联合下发《关于坚决制止异地迁建传统建筑和依法打击盗卖构件行为的紧急通知》，旨在对古建筑迁

① 参考《中华人民共和国文物保护法》：

第六十四条　违反本法规定，有下列行为之一，构成犯罪的，依法追究刑事责任：（一）盗掘古文化遗址、古墓葬的；（二）故意或者过失损毁国家保护的珍贵文物的；（三）擅自将国有馆藏文物出售或者私自送给非国有单位或者个人的；（四）将国家禁止出境的珍贵文物私自出售或者送给外国人的；（五）以牟利为目的倒卖国家禁止经营的文物的；（六）走私文物的；（七）盗窃、哄抢、私分或者非法侵占国有文物的；（八）应当追究刑事责任的其他妨害文物管理行为。

第六十五条　违反本法规定，造成文物灭失、损毁的，依法承担民事责任。违反本法规定，构成违反治安管理行为的，由公安机关依法给予治安管理处罚。违反本法规定，构成走私行为，尚不构成犯罪的，由海关依照有关法律、行政法规的规定给予处罚。

第六十六条　有下列行为之一，尚不构成犯罪的，由县级以上人民政府文物主管部门责令改正，造成严重后果的，处五万元以上五十万元以下的罚款；情节严重的，由原发证机关吊销资质证书：（一）擅自在文物保护单位的保护范围内进行建设工程或者爆破、钻探、挖掘等作业的；（二）在文物保护单位的建设控制地带内进行建设工程，其工程设计方案未经文物行政部门同意、报城乡建设规划部门批准，对文物保护单位的历史风貌造成破坏的；（三）擅自迁移、拆除不可移动文物的；（四）擅自修缮不可移动文物，明显改变文物原状的；（五）擅自在原址重建已全部毁坏的不可移动文物，造成文物破坏的；（六）施工单位未取得文物保护工程资质证书，擅自从事文物修缮、迁移、重建的。刻划、涂污或者损坏文物尚不严重的，或者损毁依照本法第十五条第一款规定设立的文物保护单位标志的，由公安机关或者文物所在单位给予警告，可以并处罚款。

……

第七十五条　有下列行为之一的，由县级以上人民政府文物主管部门责令改正：（一）改变国有未核定为文物保护单位的不可移动文物的用途，未依照本法规定报告的；（二）转让、抵押非国有不可移动文物或者改变其用途，未依照本法规定备案的；（三）国有不可移动文物的使用人拒不依法履行修缮义务的；（四）考古发掘单位未经批准擅自进行考古发掘，或者不如实报告考古发掘结果的；（五）文物收藏单位未按照国家有关规定建立馆藏文物档案、管理制度，或者未将馆藏文物档案、管理制度备案的；（六）违反本法第三十八条规定，未经批准擅自调取馆藏文物的；（七）馆藏文物损毁未报文物行政部门核查处理，或者馆藏文物被盗、被抢或者丢失，文物收藏单位未及时向公安机关或者文物行政部门报告的；（八）文物商店销售文物或者拍卖企业拍卖文物，未按照国家有关规定作出记录或者未将所作记录报文物行政部门备案的。

建、盗卖行为加大打击力度，并声明将在全国启动专项督查，但至今不见任何督查结果的通报，也没有就古建筑交易进行有效管理。随着古建筑倒卖日趋专业化、组织化，如打击方案仍停留于一纸文件，则古建筑的消亡则在所难免。尽快完善古建筑保护法律体系，并切实提升执法打击力度，以防阶段性成果的流失。联合社会力量和公安部门等协同打压古建筑倒卖产业，才能斩断古建筑倒卖链。

（二）监管环节

1. 古建筑身份问题

古建筑及其构件失盗买卖状况频发，与古建筑自身“身份不明”有着密不可分的关联。古建筑的身份问题主要体现在两个方面。一是山西省仍存在未登记在册的古建筑，由于调查工作的不到位，人们对这一类古建筑的形制结构、保存状况等信息掌握不完全，因此这一类古建筑及其构件很容易沦为倒卖的对象。根据《文物保护法》第十三条规定①，各级政府文物行政部门需全面核查不可移动文物的分布与数量，并及时予以登记和公布。建立古建筑包括照片在内的资料库并及时公布，会对盗卖交易产生一定阻挠作用，并为监管工作提供便利。

二是已登记的部分古建筑的挂牌工作尚未覆盖。挂牌保护对于监管古建筑具有重要意义，及时挂牌不仅可以引起基层的重视，提高保护意识，而且在一定程度上可以遏制古建筑贩子的不法行为，减少盗卖的发生。

2. 基层文管难题

监管困难是当前古建筑保护存在的通病，尤其是山西省，古建筑数量多、种类庞杂、分布广且较为分散，这都为其监管的有效性带来困难，加之产权、经费、人手等方面的难处，使得越处于基层的古建筑越难以得到看护。因此，在明确古建筑身份的前提下，落实古建筑保护责任人和提高基层监管能力是遏制古建筑倒卖的重要手段。曾有专家建议，应该给基层文物部门，尤其是拥有千座左右

---

① 参考《中华人民共和国文物保护法》第十三条：“国务院文物行政部门在省级、市、县级文物保护单位中，选择具有重大历史、艺术、科学价值的确定为全国重点文物保护单位，或者直接确定为全国重点文物保护单位，报国务院核定公布。省级文物保护单位，由省、自治区、直辖市人民政府核定公布，并报国务院备案。市级和县级文物保护单位，分别由设区的市、自治州和县级人民政府核定公布，并报省、自治区、直辖市人民政府备案。尚未核定公布为文物保护单位的不可移动文物，由县级人民政府文物行政部门予以登记并公布。”

古建筑的文物大县的文物部门增加人员编制[①]。这的确是山西多处地区可以参考的办法，先保证监管主体到位，再增加古建筑尤其是村落传统古建筑监管的投入，如提高基层文物管理员的待遇、安装有效的监控防盗设备等。

若地方财力允许，以上方法的确有助于对古建筑的有效监管，但资金问题是很多基层古建筑保护过程中不可避免的困难。对此，2019年1月通过的《山西省社会力量参与文物保护利用办法》中对古建筑的保护提出了新途径：允许社会力量参与不可移动文物的认养。它首次系统地规定了不可移动文物认养的范围、程序、年限；明确了不可移动文物认养后的用途、认养人的权利和义务，并针对文物的修缮和利用设置了禁止条款，相较之前的办法更具可操作性[②]。仅依靠政府的资金投入或由古建筑所有人承担维护费用，都难以实现基层古建筑的有效保护。引导鼓励社会力量投入与认养，是山西省古建筑保护的一次重要尝试，而该社会参与机制的具体成效，还有待在接下来的实践中查验。需要重视的是，社会力量认养机制总体来讲是一种扶持激励性的政策，在落实的过程中不能仅仅依赖社会力量，文物部门与政府要注重不断考核评估，并进行调整，以便保障认养人利益与古建筑保护的双向受益。

3. 市场交易失控

近年来，古建筑及构件市场需求不断增加，且存在地方政府成为“买家”的情况，很多地方通过“移建”传统古建筑来建造景区以拉动当地经济发展。这种政绩工程对山西省古建筑的破坏暴露了政府对古建筑保护的忽视，也助长了古建筑倒卖交易的风气。不法倒卖商利用人们对古建筑的喜爱，炒作出古建筑热效应，从而牟取经济利益，使古建筑倒卖问题陷入了恶性循环；大量资本流入交易领域，使得古建筑市场交易愈发难以监管，加剧了古建筑及其构件的流失。

山西省文物局在2013年出台的《山西省文物建筑构件保护管理办法》，旨在对古建筑构件的买卖行为进行监管，但近年来古建筑市场交易势头不减，这也迫使文物部门进行反思。古建筑交易失控是综合性的问题，要有政策依托，进一步将该管理办法细化，明确究竟哪些古建筑及其构件在管辖范围内，哪些获取途径是非法的，以及一旦违法后果是什么。在对古建筑市场交易的监管中建立执法队伍也是很有必要的，通过相关部门合力解决文物部门缺乏执法力量的难题，可以大大提升监管效率和能力。总之，古建筑倒卖市场环境的净化不能一蹴而就，而

---

① 陈忠华、晏国政、王学涛：《山西古建筑文物频遭盗卖　部分庙宇被整座卖掉》，《瞭望新闻周刊》2014年7月20日。

② 杨洁英：《山西出台法规规范社会力量认养文物　系全国首例》，中国新闻网（2019年1月17日）http://www.chinanews.com/cul/2019/01-17/8732000.shtml

是要不断解决历史遗留的各种问题，从而削弱古建筑倒卖中的流通环节。

4. 保护意识薄弱

在古建筑倒卖过程中，无论是主动贩卖还是非法盗卖，都是为了追求高额经济利益。集体性的物质化需求致使人们忽视古建筑蕴含的历史文化价值，也暴露了人们乃至政府在古建筑保护方面法律意识的薄弱。因此，加大《文物保护法》及地方性相关政策法规的宣传力度和普及范围，是防范古建筑倒卖问题的一项重要举措。培养全民古建筑保护意识，逐步建立共同抵制古建筑倒卖的社会监管氛围，是宏观政策保护不可或缺的辅助内容，也是一个长期的过程。笔者认为，针对古建筑倒卖问题，宣传和普及工作要贯穿始终，包括前期的政策解读、中期的跟踪调研，以及后期的结果通报等，目前的宣传工作多集中于前期而忽略后续事件的影响力，这是日后在提高保护意识过程中应着重改善的问题。

三、反思与总结

近年来，山西地区的古建筑倒卖已形成组织化链条，陆续出台的一些政策文件仍不够成熟，难以从源头上破解古建筑倒卖不休的难题。笔者认为，这样的恶性循环根源在于缺乏整体性机制的构建。目前，暴露的问题有法律空泛、监管执法力度不够、保护意识不强等，亟须系统性改进。古建筑倒卖链的形成有诸多环节的配合，因此在破解过程中也需要系统性思维和多部门合力。眼下的古建筑保护工作应摒弃急功近利和各取所需的态度，要有针对性地完善各个环节，积极考察检验阶段性的保护成果并及时给予反馈，相信通过这样的良性循环，倒卖问题终会迎刃而解，古建筑的保护事业也终将向好发展。

参考文献

陈忠华、晏国政、王学涛：《山西古建筑文物频遭盗卖　部分庙宇被整座卖掉》，《瞭望新闻周刊》2014年7月20日。
顾春、杨雪梅、陶佳苹：《古民居为何背井离乡》，《人民日报》2011年8月11日。
柯善北：《古建保护，任重而道远》，《中华建设》2015年第9期。
柯善北：《向异地迁建和盗卖行为“亮剑”〈关于坚决制止异地迁建传统建筑和依法打击盗卖构件行为的紧急通知〉解读》，《中华建设》2015年第9期。
屈畅：《山西破获古建筑构件被盗系列案：破案14起　抓获嫌犯6名》，《北京青年报》2017年4月30日。
史容淼：《禁止古建筑筑构件买卖　不能一刀切》，《中国商报》2013年4月11日。

徽派古建筑异地保护案例分析

一、相关定义

（一）徽派古建筑

徽派古建筑并非特指安徽省的建筑，而是泛指今安徽、浙江、江西交界一带的特色建筑。现今徽派古建筑广泛留存于黄山市、绩溪县、婺源县，以及严州、金华、衢州等浙西地区。在建筑风格上，这些徽派建筑大多坐北朝南，强调利用自然光向内进行采光，是中国传统的木构类建筑。通过粉墙、瓦、马头墙、砖木石雕以及层楼叠院、高脊飞檐、曲径回廊、亭台楼榭等建筑元素的有效结合，形成了独树一帜的徽派建筑风格，其建筑风格和建筑元素即使在当代也被众多中外建筑大师广泛运用在建筑设计当中。徽州地区受本身的地理因素和自然条件影响，具有一定的封闭性，但也因此诞生了徽商这一群体。伴随着徽商向外经商探索的路线，这一类型的建筑被广泛地传播到扬州、苏州等地。

（二）异地保护

异地保护这一概念不仅应用于保护生态多样性中，即对受到人为或自然原因影响而濒临灭绝的珍稀动植物进行转移，使其进入一个新的更加适宜生存的自然环境中去，从而达到保护濒危物种的目的；现在也被广泛地应用在文化遗产保护领域当中，即对受到各种因素影响而难以在原址进行保护的大型文化遗产进行迁移，使其在新地点获得更好的保护。20世纪50年代，埃及政府决定进行阿斯旺水坝的建设工程，受到影响的努比亚地区将成为纳赛尔水库，而努比亚地区保存着大量古埃及起源文化。因此，由联合国教科文组织牵头，进行了针对阿斯旺地区大量不可移动文物的异地保护，将整体建筑进行拆分和测绘并记录和绘制详细的数据图表，完成这一工作后将建筑整体所使用的构件运输到新的所在地按照图表进行重新建造。同样，在中国三峡建设过程中，受到影响的张飞庙也采用了这一模式。但我们根据后续的跟踪报道，可以看到异地保护的张飞庙并没有达到预想的保护效果，由于选址的失误，基址下沉现象非常严重，每年需要不断地申请国家财政资金进行后续修缮维护。反而保存在原地，采用了建设水下博物馆这一保护形式的白鹤梁遗址保存状况比较完好。我们可以看到，异地保护是一种对各方面要求更高的保护模式，并不适合所有的文化遗产。

二、案 例 分 析

（一）具体案例

徽州古建筑是一类具有突出风格和丰富人文底蕴的建筑形式。近年来，民众普遍反映徽派古建筑的消失现象，即本来存在于本地的徽派建筑，在不知不觉中以各种名义被拆除后，或就此消失，或被迁移到别的省市进行“异地保护”。以黄山市为例，黄山市范围内现有101个古村落及1.3万余幢古民居。根据黟县文物部门相关工作人员掌握的材料，古民居正在以每年50幢左右的速度消失①。也正是基于这一背景，20世纪末到21世纪初，仅通过媒体报道这一途径，我们就了解到当前出现了大量徽州地区古建筑异地保护、迁出情况的案例。其中，较为轰动的案例是2013年成龙将自己购买的部分徽州古建筑捐赠到新加坡这一事件。在此之前，徽州古建筑的异地保护在20个世纪就已经开始。1996年，碧波地博物馆（Peabody Essex Museum）中国艺术文化部主任白铃安（Nancy Berliner）发现原坐落在安徽省黄山市休宁县黄村的荫余堂即将被拆除。经过与当地政府的交涉，荫余堂在美国马萨诸塞州的重建工作于1997年正式开展。2003年，这一异地保护的古建筑与当地的碧波地博物馆新馆一同开放。除此之外，于2001年成立的上海闻道园同样是一所由私人出资，将自己收藏的徽州古建筑整体迁移到上海，按照修旧如旧的原则重新建造，并开放展览的案例。上海闻道园于2010年被命名为世博园区外13个重点主题展览点之一，于世博会期间接待了大量外宾②。现在的上海闻道园作为国家4A级景区，仍然在投入使用。其主要建设人员王卫在接受中新网采访时表示，他有感于大量未被纳入政府文物保护单位的徽州古建筑不断腐朽，而民间也难以承受修复古建筑所花费的巨额费用，因此出资将其收购并在上海进行了重建。2009年开始实施项目建设工程的黄山黎阳故邸，由于建设用地审批一直未通过，于2019年12月开始进入了拆除阶段。据腾讯网报道，黎阳故邸曾

① 何路路：《徽州古民居分类保护利用技术策略及其细则》，合肥工业大学硕士学位论文，2012年。

② 陈静：《徽州古宅上海再现异彩　业界聚焦古建筑异地保护》，中国新闻网（2013年9月23日）https://www.chinanews.com/cul/2013/09-23/5313113.shtml

是黄山市及屯溪区“百村千幢”古民居保护利用工程异地集中保护项目之一，多年来，各方对项目认可并对外推介。2012年，黄山市重点推荐的十条概念性精品旅游线路就包括黎阳故邸古村落①。据2020年初对项目负责人陈先生的采访可知，当前拆除工作在2019年12月进行，持续了20天左右，拆除后的土地进行土地退绿，而这些被拆除下来的古建筑仍然被保存在本地。从以上几个案例中我们可以看到，徽州古建筑异地保存的结果并不尽如人意，并非所有的异地保护都能够成功实现，其最终的保护结果是由被迁入地区的经济条件和政府政策的支持情况决定的。

（二）徽派古建筑价值分析

历史价值：徽派古建筑大致成型于明清一代并绵延至今，其建筑本体是建筑史所要研究的重要物质对象，具有代表性的宗祠、牌坊等相关礼制建筑也承载着中国古代徽州地区的宗族观念和相关礼仪制度的要求。建筑内使用的雕刻艺术、绘画装饰等也为研究中国古代艺术史提供了重要实证。更重要的是，徽州古建筑不仅包含着建筑特征，更展现了徽州地区作为一个中国具有强烈地域特色的地区所蕴含的整体文化。

艺术价值：徽派民居建筑注重利用自然地形、水系，强调人工建筑与自然环境的融合，其中更包含着中国古代风水学说对民居建筑在选址、家居布局等方向的影响②。宗祠建筑秉承中国古代建筑的常用建筑形式——强调中轴对称的三进式布局。整体宗祠建筑体量宏大，在视觉上营造出庄严肃穆之感，装饰主次分明，大量应用雕刻这一艺术形式，在装饰题材上往往大量应用诸如出仕、沙场、读书等在古代被认为光耀门楣的装饰主题，辅以龙凤等常见瑞兽图案。主体建筑颜色为黑白两色，素净淡雅，其颜色运用在中国传统民居建筑风格中独树一帜。这一系列建筑平面布局和装饰元素都展现了中国古代的一种审美风格和艺术创造形式，是研究东南地区民居装饰艺术演进、中国传统审美风格及其背后展现的地域与经济特色的重要实证。

科学价值：建筑本体是研究中国古代建筑形式和建造技巧的重要载体，徽派建筑在防水处理、建造技法上值得作为科技史建筑史的研究对象进行研究探讨。

---

① 吴永泉：《黄山黎阳故邸被拆除　曾是徽州古建异地保护典型》，腾讯网（2020年1月9日）https://new.qq.com/omn/20200109/20200109A0RERO00.html

② 臧丽娜：《明清徽州建筑艺术特点与审美特征研究》，山东大学博士学位论文，2005年。

三、现行法律法规

（一）世界范围

1964年联合国教科文组织通过的《威尼斯宪章》中提出了“古迹不能与其所见证的历史和其产生的环境分离，除非出于保护古迹之需要，或因国家或因国际之极为重要利益而证明有其必要，否则不得全部或局部搬迁该古迹”的要求，这也是我们现在文化遗产保护中普遍强调的完整性原则。1976年通过的《内罗毕宣言》中规定“只有非常特殊的万不得已的理由，方能搬迁文物建筑”。1994年发布的《奈良真实性文件》中提出了“文物保护真实性”这一议题，要求“原真性不应被理解为文化遗产的价值本身，而是我们对文化遗产价值的理解取决于有关信息来源是否确凿有效，原真性的原则性就在于此”。通过这几部具有权威性、国际性文化遗产保护文件我们可以得出，当前对文化遗产异地保护这一话题，国际上并不提倡。文化遗产的展示不应当仅仅是遗产本体的孤立展示。文化遗产，无论是可移动文物还是不可移动文物，它在诞生之初就被赋予了所属文化或者创造人群的独特烙印，这也意味着为了最大限度地获取和展示我们从文化遗产中获得的相关信息，必须将该文化遗产保存和展示在其诞生地。

（二）国家范围

当前《中华人民共和国文物保护法》和《中华人民共和国文物保护法实施条例》（以下简称《文物保护法》和《实施条例》）中针对文化遗产在何处保护这一问题上有明文规定，《文物保护法》第二十条明确要求：“建设工程选址，应当尽可能避开不可移动文物；因特殊情况不能避开的，对文物保护单位应当尽可能实施原址保护。……无法实施原址保护，必须迁移异地保护或者拆除的，应当报省、自治区、直辖市人民政府批准；迁移或者拆除省级文物保护单位的，批准前须征得国务院文物行政部门同意。全国重点文物保护单位不得拆除；需要迁移的，须由省、自治区、直辖市人民政府报国务院批准。”我们可以看到，无论是《文物保护法》和《实施条例》中都强调非特殊情况如建筑施工等行为，才可以进行相关文物的异地保护或拆除处理。虽然上述案例中，以“本地保护”难以实现为理由进行异地保护的古建筑中并不涉及各级文物保护单位，也就不构成违法行为；虽然法律对这一类未被纳入文物保护单位的古建筑并没有明确规定严禁除受工程建设影响外不能够进行异地保护，但我们也应该意识到，从法律法规的严格要求上应当避免异地保护这一现象的发生。

（三）省市范围

为应对日益严峻的徽州民居流失现象，安徽省2004年出台了《安徽省皖南古民居保护条例》（以下简称《保护条例》），2013年出台了《关于加强徽派建筑特色保护与传承工作的意见》（以下简称《意见》）等一系列相关政策法规，在《意见》中明文要求各地切实加强徽派建筑特色保护与传承工作，到2015年完成各类相关保护规划编制，使核心区（黄山市和宣城市绩溪县、旌德县、泾县）徽派古建筑得到有效保护。徽派建筑特色保护与传承工作将被纳入省政府对核心区市政府加快新型城镇化进程考核评价的内容，从政府行政角度规范徽州古建筑的保护情况，并要求严禁将徽派古建筑迁往省外这一行为①。该项法规颁布之后，一定程度上遏制了徽派古建筑迁往省外的步伐，但是针对异地保护这一现象并未做出完整的规定。

作为徽派古建筑保存核心区的安徽省黄山市，为了保证徽派建筑实现良好保存，出台了一系列相关政策法规，如《黄山市古村落保护利用暂行办法》《黄山市古民居认领保护利用暂行办法》②。更有《黄山市古民居迁移保护利用暂行方法》这一文件对徽派建筑的迁移保护做出明确规定，其中对受保护的古民居范围、迁移情况的申报和审批、重建工程的后续验收等情况做出了严格规定，有效地规范了徽派古建筑异地保护的情况，但是在迁移情况中只提出了“不利于原状保护”③的古建筑，而并未对这一“不利于原状保护”的详细情况和影响因素做出完整解释。因此，何种情况下应当执行异地保护这一形式仍然比较模糊，在这一条件下也容易出现利用法规漏洞的不规范异地保护行为。

四、总　结

我们可以看到，当下徽州古建筑的保护工作受到了当地政府的高度重视，相关单位也采取了多种措施去进行保护和抢救，在保护过程中严格遵循“保护为主，抢

① 《安徽徽派建筑保护纳入考核　严禁将古建迁往外省》中华人民共和国中央人民政府网（2013年4月17日）http://www.gov.cn/jrzg/2013-04/17/content_2379829.htm

② 张强：《安徽黄山十年斥资逾95亿元保护徽州古建筑》，中国新闻网（2019年2月23日）https://www.chinanews.com/cul/2019/02-23/8762813.shtml

③ 《黄山市古民居迁移保护利用暂行方法》第三条：本办法所称古民居迁移保护利用，是指迁移人对列入“百村千幢”工程，但不利于在原地保护利用的古民居，通过迁移重建进行的保护利用。

救第一，合理利用，加强管理”的基本方针，采取了一系列新措施如探索非文物类古民居产权流转试点，引入社会资本认租、认领、认购古民居来解决当前徽派建筑保护修缮资金不足的情况①。加强文旅融合，丰富古建筑利用模式，以实现创收，保证古建筑在当下焕发生机与活力。但我们仍然应该看到，即使在保护法规相对完善的情况下也出现了黎阳故邸这一令人痛心的异地保护失败案例，因此我们还是应当主张文化遗产的原状和原地保护，非出现大型工程建设、自然灾害等一系列不可抗因素不采取异地保护。即使采取了异地保护这一模式，也要完善前期勘察和评估过程，保证异地保护这一模式确实是有利于文化遗产得到更好的保护，而非出于其他的并非将文化遗产保护放在首位的目的而进行的所谓的“异地保护”。

参考文献

陈伯超：《慎谈“异地保护”》，《建筑学报》2009年第6期。

陈诚：《张飞庙搬迁内幕》，《共产党员》2008年第5期。

杨乐：《传统徽派民居易地保护的得与失》，天津大学硕士学位论文，2011年。

① 张俊：《徽州古建筑保护遇窘境　专家建言防“建设性破坏”》，中国新闻网（2017年1月1日）https://www.chinanews.com/cul/2017/01-01/8110957.shtml

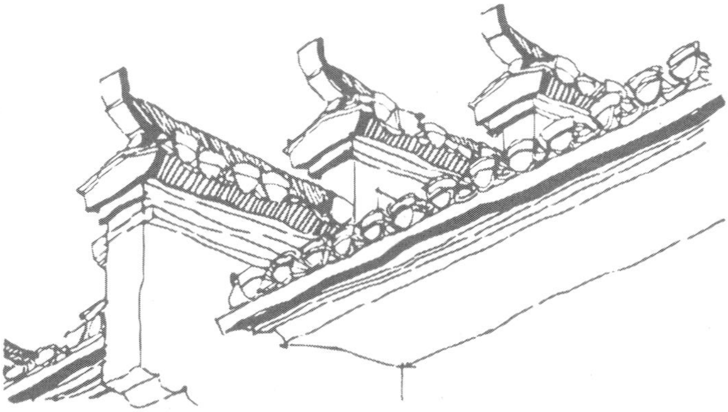

文物被盗类

大韩村特大盗墓案件分析

一、案 例 介 绍

2016年12月13日至2017年2月5日，山东省官桥镇大韩村遗址先后发生盗墓团伙连续三次盗掘古墓的不法行为。

2017年2月10日，警方锁定盗墓头目秦某，并成立专案组，历经5个月侦查，“大韩村特大盗墓案”涉及的22名犯罪嫌疑人全部归案，缴获国家级文物200余件，该团伙已将出土的编钟、石磬、青铜等文物倒卖出售，非法获利280余万元①。“大韩村特大盗墓案”是典型的团队作案，组织严密，分工细致，基本形成出资、盗掘、望风、鉴定、倒卖、走私“一条龙”的犯罪产业链和犯罪网络。

2017年5月11日，国家文物鉴定专家对滕州公安局缴获文物鉴定完毕，鉴定结果显示被盗文物年代全部为春秋晚期，其中一级文物3件、二级文物5件、三级文物46件。其中，收缴的春秋晚期倪公戈填补了鲁南地区春秋晚期青铜器实物考究的空白（图1）。

该案缴获的文物数量之众，级别之高，在全国范围内实属罕见②。专家认为这批被追回的文物具有极高的历史文化研究价值。

2017年7月31日，公安部发出A级通缉令，公开通缉10名重大文物犯罪在逃人员，其中“大韩村特大盗墓案”中在逃犯罪嫌疑人刘某涛和孟某名列其中，使得这一盗墓案成为全国关注的焦点。2017年9月，本案A级通缉犯相继落网。

保护地下历史文物，传承中华文明，是全民族的责任与使命，然而盗墓团伙如此高频作案，甚至形成了相对成熟的产业链，文物安全受到严重威胁，让文物保护工作者和公安机关痛心疾首。每一座埋藏在地下的古墓葬都是历史考证的重

---

① 昊宇：《滕州大韩村盗墓故事：公安部通缉嫌犯，雷管炸盗洞》，《齐鲁晚报》2017年8月12日。

② 邢丙银、邓鹏卓：《山东滕州盗墓案：趁除夕夜下手，专派人盯梢警方》，澎湃新闻（2017年8月31日）https://www.qlwb.com.cn/detail/5954504.html

图1　“大韩村特大盗墓案”部分追回文物[①]

要实物资料，有效预防打击盗掘古墓葬犯罪，功在当下，立在千秋。

本文将从“大韩村特大盗墓案”的每一个犯罪环节深入分析，揭示现阶段古墓盗掘类案件在预防和裁判量刑中存在的问题。

二、案 例 分 析

（一）案件时间脉络梳理（图2）

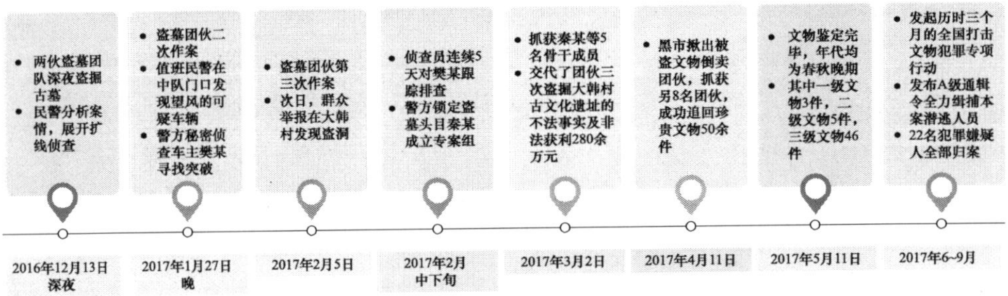

图2　大韩村特大盗墓案时间线

（二）案件焦点梳理

大韩村特大盗墓案是典型的团队作案，组织严密，分工细致，基本形成出

① 邢丙银、邓鹏卓：《山东滕州盗墓案：趁除夕夜下手，专派人盯梢警方》，澎湃新闻（2017年8月31日）https://www.qlwb.com.cn/detail/5954504.html

资、盗掘、望风、鉴定、倒卖、走私“一条龙”的犯罪产业链和犯罪网络，其中不乏具有丰富考古经验的“鉴定专家”以及掌握墓葬布局的“风水大师”。

盗掘古墓罪是一个综合性的复杂的犯罪行为，包括四个主要的环节：古墓盗掘、文物盗窃、非法倒卖、文物损害，它们之间有着相互滋长、伴生的关系。因此，要有效地遏制和杜绝盗掘古墓类犯罪活动，必须从四个环节同时下手，进行综合治理。

本文将从五个角度分别展开论述，如图3所示。

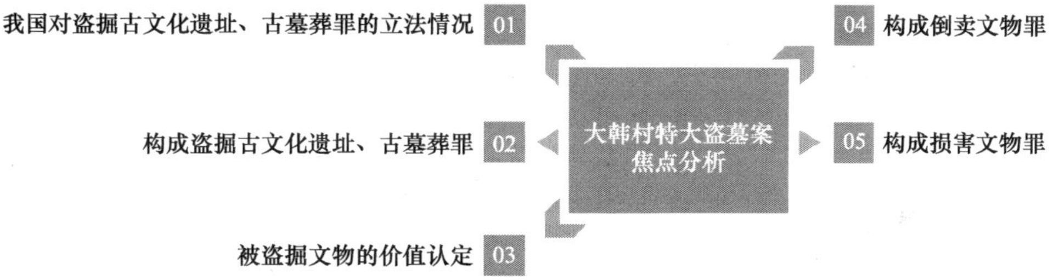

图3 大韩村特大盗墓案焦点分析图示

三、案 件 分 析

（一）我国对盗掘古文化遗址、古墓葬罪的立法状况

新中国成立以后，国家颁布了一系列保护文物的法规和法令，将古墓葬认定为不可移动文物加以保护。新中国成立早期，盗掘古文化遗址、古墓葬的行为，一般都是按照破坏珍贵文物、名胜古迹罪进行处罚。1982年《中华人民共和国文物保护法》明确规定，凡是我国境内，地下和领海中遗存的一切文物属于国家所有，同时规定了私自挖掘古文物遗址、古墓葬的行为以盗窃论处。同期，一场针对盗掘和走私文物违法犯罪活动的专项斗争在全国展开，有效抑制了20世纪80年代文物犯罪猖獗的势头。

1991年修订的《中华人民共和国文物保护法》删去了私自挖掘古文化遗址、古墓葬“以盗窃论处”的语句，笼统规定依法追究刑事责任①。第七届人大常委会第

① 《中华人民共和国文物保护法》第六十四条：“违反本法规定，有下列行为之一，构成犯罪的，依法追究刑事责任：（一）盗掘古文化遗址、古墓葬的；（二）故意或者过失损毁国家保护的珍贵文物的；（三）擅自将国有馆藏文物出售或者私自送给非国有单位或者个人的；（四）将国家禁止出境的珍贵文物私自出售或者送给外国人的；（五）以牟利为目的的倒卖国家禁止经营的文物的；（六）走私文物的；（七）盗窃、哄抢、私分或者非法侵占国有文物的；（八）应当追究刑事责任的其他妨害文物管理行为。”

二十次会议通过《关于惩治盗掘古文化遗址、古墓葬犯罪的补充规定》增设了盗掘古文化遗址、古墓葬罪，并根据不同犯罪情节设置了轻重适宜的三个法定刑幅度。

1997年《中华人民共和国刑法》沿用并补充此规定，增加管制刑便于司法机关在实践中根据案件的具体情况对情节较轻的犯罪灵活处理，并处罚金的规定充分考虑到了犯罪分子利用文物牟利的特点，剥夺了犯罪分子实施犯罪的经济基础[①]。

（二）构成盗掘古文化遗址、古墓葬罪

盗掘古文化遗址、古墓葬罪，是指违反国家文物保护法规，未经国家文物局批准，私自挖掘具有历史、艺术、科学价值的古文化遗址、古墓葬的行为[②]。

“大韩村特大盗墓案”被盗掘的古墓葬位于官桥镇地下。官桥镇一直是山东考古工作的重要区域，地下遗址极为丰富。早在2011年底，官桥镇大韩村遗址就被公布为枣庄市重点文物保护单位，被认为是四五千年前龙山文化至汉代的生活遗址。如果不是被盗，其地下埋藏的春秋战国时期的墓葬群，仍不会被世人所知晓[③]。

虽然被盗掘的古墓葬未被定级，但根据2016年实施的《最高人民法院、最高人民检察院关于办理妨害文物管理等刑事案件适用法律若干问题的解释》第八条[④]，盗墓团伙对大韩村地下墓葬实施盗掘的行为，已造成古文化遗址、古墓葬的历史、艺术、科学价值的损害，应当认定为盗掘古文化遗址、古墓葬罪既遂。

据警方通报，“大韩村特大盗墓案”作案团伙先后进行了三次盗墓活动，是有组织的盗墓团伙作案。根据相关法律规定，依法应处以十年以上有期徒刑或者无期徒刑[⑤]。

“大韩村特大盗墓案”的主犯秦某组织三次盗掘古文化遗址、古墓葬犯罪

① 邱玉梅：《妨害文物保护犯罪研究》，《政法论坛（中国政法大学学报）》2001年第3期。

② 邝璐：《盗掘古文化遗址、古墓葬罪研究》，武汉大学硕士学位论文，2005年。

③ 常铮：《滕州“大韩村特大盗墓案”之刑事法律解析》，《尚权研究》2017年9月4日。

④ 《最高人民法院、最高人民检察院关于办理妨害文物管理等刑事案件适用法律若干问题的解释》第八条：“刑法第三百二十八条第一款规定的‘古文化遗址、古墓葬’包括水下古文化遗址、古墓葬。‘古文化遗址、古墓葬’不以公布为不可移动文物的古文化遗址、古墓葬为限。”

⑤ 《中华人民共和国刑法》第三百二十八条：“盗掘具有历史、艺术、科学价值的古文化遗址、古墓葬的，处三年以上十年以下有期徒刑，并处罚金；情节较轻的，处三年以下有期徒刑、拘役或者管制，并处罚金；有下列情形之一的，处十年以上有期徒刑或者无期徒刑，并处罚金或者没收财产：（一）盗掘确定为全国重点文物保护单位和省级文物保护单位的古文化遗址、古墓葬的；（二）盗掘古文化遗址、古墓葬集团的首要分子；（三）多次盗掘古文化遗址、古墓葬的；（四）盗掘古文化遗址、古墓葬，并盗窃珍贵文物或者造成珍贵文物严重破坏的……”

行为，且组织参与被盗文物的倒卖，最终非法获利309万元。原审法院认为，被告人秦某、樊某某等盗掘具有历史、文化、科学价值的古文化遗址，其行为构成盗掘古文化遗址罪；并盗窃珍贵文物，属情节特别严重；倒卖国家禁止经营的文物，其行为均构成倒卖文物罪，且情节特别严重[①]（图4）。

一、被告人秦某犯盗掘古文化遗址罪，判处有期徒刑十三年，并处罚金十二万元。
二、被告人樊某某犯盗掘古文化遗址罪，判处有期徒刑十二年六个月，并处罚金十一万元。
三、被告人李某某犯盗掘古文化遗址罪，判处有期徒刑十二年，并处罚金十万元。
四、被告人姜某某犯盗掘古文化遗址罪，判处有期徒刑十一年十个月，并处罚金十万元。
五、被告人彭某犯盗掘古文化遗址罪，判处有期徒刑十一年六个月，并处罚金八万元。
六、被告人孟某犯盗掘古文化遗址罪，判处有期徒刑七年六个月，并处罚金七万元。
七、被告人戚某某犯盗掘古文化遗址罪，判处有期徒刑七年，并处罚金六万元。
八、被告人田某犯盗掘古文化遗址罪，判处有期徒刑七年，并处罚金六万元。
九、被告人刘某某犯盗掘古文化遗址罪，判处有期徒刑五年，并处罚金五万元。
十、被告人王某某犯盗掘古文化遗址罪，判处有期徒刑五年，并处罚金五万元。
十一、被告人徐某某犯盗掘古文化遗址罪，判处有期徒刑三年，缓刑四年，并处罚金四万元。
十二、被告人许某某犯盗掘古文化遗址罪，判处有期徒刑三年，缓刑四年，并处罚金四万元。
十三、被告人张某某犯倒卖文物罪，判处有期徒刑二年，缓刑二年，并处罚金四万元。
十四、被告人王某某犯盗掘古文化遗址罪，判处有期徒刑二年，缓刑二年，并处罚金三万元。
十五、被告人刘某某犯倒卖文物罪，判处有期徒刑一年，缓刑一年，并处罚金三万元。

图4 “大韩村特大盗墓案”主要犯罪分子判决结果[②]

集团化盗墓团伙具有固定组织、高度专业，层级结构相对稳定，经验丰富，技术熟练，地域性犯罪特征明显的特点[③]。有专门的组织领导者，有专业实践经验丰富的“鉴宝专家”，有固定暴利的倒卖市场，有些盗墓团伙背后甚至还有“一手遮天”的“保护伞”，构成了完整的犯罪产业链和犯罪网络。

“大韩村特大盗墓案”不同于一般的个体盗墓犯罪行为，新闻报道也一再强调其是集团化盗墓行为，可是具体量刑时却忽视了此案的关键特点。目前，刑法

---

① 山东省枣庄市中级人民法院：《樊培亮、李庆朋盗掘古文化遗址、古墓葬、倒卖文物二审刑事裁定书》（2018）鲁04刑终81号，中国裁判文书网：https://wenshu.court.gov.cn/website/wenshu/181107ANFZ0BXSK4/index.html?docId=636e18002cd74c2eabf1a96c00422e31

② 山东省枣庄市中级人民法院：《樊培亮、李庆朋盗掘古文化遗址、古墓葬、倒卖文物二审刑事裁定书》（2018）鲁04刑终81号，中国裁判文书网：https://wenshu.court.gov.cn/website/wenshu/181107ANFZ0BXSK4/index.html?docId=636e18002cd74c2eabf1a96c00422e31

③ 赵婷婷：《情报视角下盗掘古墓葬犯罪打防对策研究——以S省盗掘古墓葬案例为例》，中国人民公安大学硕士学位论文，2020年。

尚没有为“组织集团盗墓行为”提供裁判的法律依据，只是在判决中以主犯、从犯分别量刑，这无法从根本上打击盗墓行为日益专业化、集团化的行为。

（三）被盗掘文物的价值认定

缴获文物经文物鉴定专家鉴定后，年代全部为春秋晚期，其中一级文物3件，二级文物5件，三级文物46件。

根据2016年实施的《最高人民法院、最高人民检察院关于办理妨害文物管理等刑事案件适用法律若干问题的解释》，盗窃一般文物、三级文物、二级以上文物的，应当分别认定为刑法第二百六十四条规定的“数额较大”“数额巨大”“数额特别巨大”①。

“大韩村特大盗墓案”由于被盗墓葬之前并未被专门机构认定，其被盗文物的定级工作也是在文物追回后进行的，最终裁判结果也是以定级标准量刑的。不得不承认，文物认定的滞后性给一系列工作带来了不便。

2010～2020年各省盗墓案件占全国盗墓案件的比例如图5所示。其中，山东

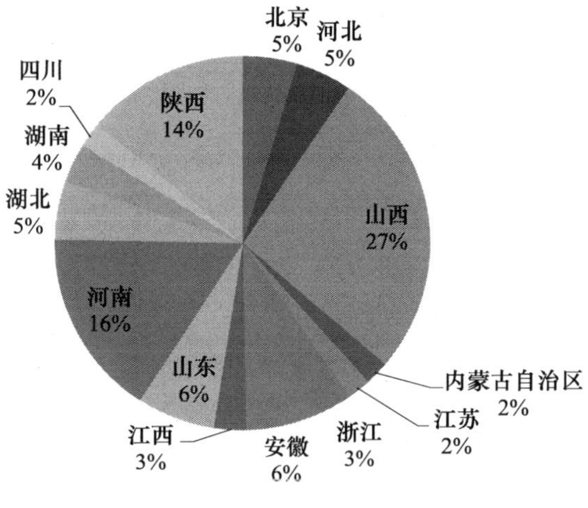

图5　2010～2020年各省盗墓案件占全国盗墓案件的比例②

① 《中华人民共和国刑法》第二百六十四条：“盗窃公私财物，数额较大的，或者多次盗窃、入户盗窃、携带凶器盗窃、扒窃的，处三年以下有期徒刑、拘役或者管制，并处或者单处罚金；数额巨大或者有其他严重情节的，处三年以上十年以下有期徒刑，并处罚金；数额特别巨大或者有其他特别严重情节的，处十年以上有期徒刑或者无期徒刑，并处罚金或者没收财产。”

② 数据来源：中国裁判文书网。

省盗墓案件案发数量占比位列全国第四。

2020年12月3日，国家文物局约谈山东省临淄市人民政府和有关部门负责人。以上数据在一定程度上也暴露了山东省一些地方政府和有关部门对文物保护工作重视不够，对考古工作重要性认识也存在不足，从而导致政府文物保护主体责任落实不到位，有关部门文物认定机制滞后、文物犯罪预防缺失、监管缺位等问题。

（四）构成倒卖文物罪

据警方通报，“大韩村特大盗墓案”作案团伙三次盗墓活动共盗掘春秋时期鼎、鉴、编钟、编磬、壶等珍贵文物169件，团伙获利300余万元，倒卖国家禁止经营的文物，其行为均构成倒卖文物罪，且情节特别严重①。非法获利在一百万元以上的，应当认定为刑法第一百五十一条第二款规定的“情节特别严重”②。

“大韩村特大盗墓案”盗墓团伙肆无忌惮地在文物市场倒卖文物，从侧面暴露出我国文物市场监管缺乏法律依据，执法力度不强。改革开放以来，野蛮盗掘、猖狂走私与黑市交易使得文物非法流转问题更加严重③。目前，我国已有的法律监管机制，在立法与执法中存在诸多问题，使得在抑制文物非法流转方面收效甚微，各地文物市场尚处于一种无序的发展状态。

（五）构成损害文物罪

在大量古墓葬被盗掘的时候，常会出现重要文物在盗墓过程中或在走私转卖时被损毁的情况，更重要的是文物的出土地点、地层关系、器物组合关系等重要信息被扰乱，被忽视。即便文物被追回，其历史信息也已损失殆尽，难以找寻。情况严重者甚至会造成文物的流失销毁，对于社会而言无疑是一场巨大的损失。

---

① 《中华人民共和国刑法》第三百二十六条：“以牟利为目的，倒卖国家禁止经营的文物，情节严重的，处五年以下有期徒刑或者拘役，并处罚金；情节特别严重的，处五年以上十年以下有期徒刑，并处罚金。”

② 《中华人民共和国刑法》第一百五十一条：“走私国家禁止出口的文物、黄金、白银和其他贵重金属或者国家禁止进出口的珍贵动物及其制品的，处五年以上十年以下有期徒刑，并处罚金；情节特别严重的，处十年以上有期徒刑或者无期徒刑，并处没收财产；情节较轻的，处五年以下有期徒刑，并处罚金。”

③ 白红平、卢永燕：《我国文物非法流转的监管机制研究》，《晋中学院学报》2014年第4期。

根据新闻报道，民警赶赴现场勘察，在盗洞周围发现青铜器碎片，而且可以肯定，盗墓贼使用了雷管（图6）[①]。但是，查阅“大韩村特大盗墓案”的裁判文书，并未找到对于墓葬以及被盗文物破坏情况的考量，所以也未将此项作为罪犯量刑的标准。一方面是因为刑法规定缺乏考古学视角，另一方面是因为取证量刑困难。

图6　大韩村被盗墓葬附近的盗洞[②]

盗墓者在实施盗墓的过程中，必然会对墓葬的部分封土、墓室结构造成破坏，会扰乱文物的出土层位等关键信息，严重破坏了墓葬及文物的完整性。盗墓过程中造成的文物损毁到底是因为盗墓团伙不专业造成的过失损毁，还是故意损毁，难以界定，所以这些问题在刑法量刑的过程中往往会以缺乏事实和法律依据而被忽视，甚至否认，无法从根本上解决文物保护的困境。

四、案 件 总 结

目前，我国对于盗墓犯罪立法仍存在短板，《中华人民共和国文物保护法》只是笼统规定依法追究刑事责任，主要量刑标准以《中华人民共和国刑法》规定为依据。可是刑法量刑尚缺乏考古学视角，缺乏文物保护专业性。在具体裁判量刑中，故意损毁文物罪与过失损毁文物罪难以界定、文物损坏程度、文物价值认定、文物流转倒卖等方面常因为缺乏事实和法律依据而被轻视甚至忽略不计。

首先，目前立法忽视集团化盗墓的危害性，也没有为“组织集团盗墓行为”提供裁判的法律依据，单纯以主犯、从犯分别量刑，根本无法打击盗墓行为日益

---

① 常铮：《滕州“大韩村特大盗墓案”之刑事法律解析》，《尚权研究》2017年9月4日。

② 图片来源：《滕州大韩村盗墓故事：公安部通缉嫌犯，雷管炸盗洞》，澎湃新闻（2017年8月12日）https://www.qlwb.com.cn/detail/5840658.html

专业化、集团化的现实行为。

其次，我国现行的《中华人民共和国文物保护法》对文物的定性划分以及国务院公布的几批全国重点文物保护单位的名单，只是刑法确定盗掘古文化遗址、古墓葬的犯罪对象的一个参考依据，刑法规定与文保领域在对文物价值定级以及文物分类等诸多领域存在明显的标准不对等。

刑法规定只有盗掘确定为全国重点文物保护单位和省级文物保护单位的古文化遗址、古墓葬才构成加重法定刑。但以“大韩村特大盗墓案”被盗掘的墓葬为例，很多隐藏于田野尚未被发现，更未被认定为文保单位，其价值及对其实施盗掘行为而造成的社会损失也不一定低于全国重点文物保护单位或者省级文物保护单位的古文化遗址、古墓葬，可是现存量刑标准却轻视了此类情况。

再次，“大韩村特大盗墓案”的盗墓团伙肆无忌惮地在文物市场倒卖文物也从侧面暴露出我国文物市场监管缺乏法律依据，执法力度不强，对抑制文物非法流转方面存在的问题，各地文物市场尚处于一种无序的发展状态。

最后，目前立法对于过失损毁古文化遗址、古墓葬造成的严重后果的行为打击不准确。盗墓过程中造成的文物损坏到底是因为盗墓团伙不专业造成的过失损毁，还是故意损毁，难以界定；现行刑法确实有过失损毁文物罪，可是却明确指定损害文物罪的文物是指国家保护的珍贵文物或者被确定为全国重点文物保护单位、省级重点文物保护单位的文物[①]。盗掘未被考古发掘并定级的古墓葬中埋藏的珍贵文物，并没有量刑标准。

① 《中华人民共和国刑法》第三百二十四条：“故意损毁国家保护的珍贵文物或者被确定为全国重点文物保护单位、省级文物保护单位的文物的，处三年以下有期徒刑或者拘役，并处或者单处罚金；情节严重的，处三年以上十年以下有期徒刑，并处罚金。故意损毁国家保护的名胜古迹，情节严重的，处五年以下有期徒刑或者拘役，并处或者单处罚金。过失损毁国家保护的珍贵文物或者被确定为全国重点文物保护单位、省级文物保护单位的文物，造成严重后果的，处三年以下有期徒刑或者拘役。”

11·26红山文化遗址盗掘案例分析

一、案 例 介 绍

2014年6月以来，辽宁省朝阳市牛河梁红山文化遗址保护区监控地带外围出现大量盗掘痕迹，多处古墓葬群、古文化遗址遭到严重破坏，大量珍贵文物遭盗掘。同年7月7日，朝阳市公安局成立了7·07专案组进行侦查，于7月下旬发现了一个盗掘团伙的踪迹。11月26日，7·07专案升级为11·26专案，随即被公安部列为“部督2015-1号案件”[①]。随着布控网的扩大，到2014年底，已有10个盗掘团伙被警方监控，他们盗墓、转运、收藏、倒卖链条化，呈现专业化的特征，形成了涉及辽宁、内蒙古、黑龙江、河北、河南、山东、山西的10多个城市的、从盗掘到销售分工明确的完整犯罪网络[②]。

公安部、辽宁省公安厅、朝阳市公安机关于2014年底开始收网，并一举破获该案。通过两次收网行动，警方抓获犯罪嫌疑人共225名，打掉盗掘犯罪团伙12个，追回涉案文物2063件，其中一级文物248件，二级文物142件，三级文物262件，一般文物1411件[③]。该起案件被盗挖的文物，涵盖了我国从新石器时代、青铜时代、战国时期、汉代、三燕、辽、金、元、明、清至民国各个时期的出土器物[④]。其中，红山文化遗址被盗掘的玉猪龙、勾云形玉佩、马蹄形玉箍、玉钺、玉龟、玉凤、牛首玉人等都十分珍贵[⑤]，很多文物都是首次发现，有的比考古发掘出土的器物还要精美，如收缴的象征世俗权力的玉钺便填补了牛河梁地区考古的空白（图1、图2）。但疯狂的盗掘活动却严重破坏了古墓葬和古文化遗址的层位结构和遗物共存关系，遗址保留的大量历史信息再也无从获取，给考古工作乃

---

① 《“第一大案”红山文化古墓被盗案已告破　细数追回的珍贵文物》，《文物保护》2016年4月4日。

② 《中国最大盗墓案宣判　头号主犯获刑死缓》，《新文化报》2017年12月1日。

③ 张羽：《国际社会：没有买卖，就没有盗掘》，《方圆》2016年第11期。

④ 汪文涛、马永辉、韩振伟：《解密红山大案》，《方圆》2016年第11期。

⑤ 赵洪南：《揭秘红山文化古墓被盗案追回哪些珍贵文物》，新华社，2016年3月25日。

至中华文明溯源都造成了巨大损失。该案也是新中国成立以来追缴被盗文物最多、单案抓获犯罪嫌疑人最多的案件。国家文物局和公安部认为，它是“历史价值最厚重、打击效果最明显、社会影响最深远”的案件。

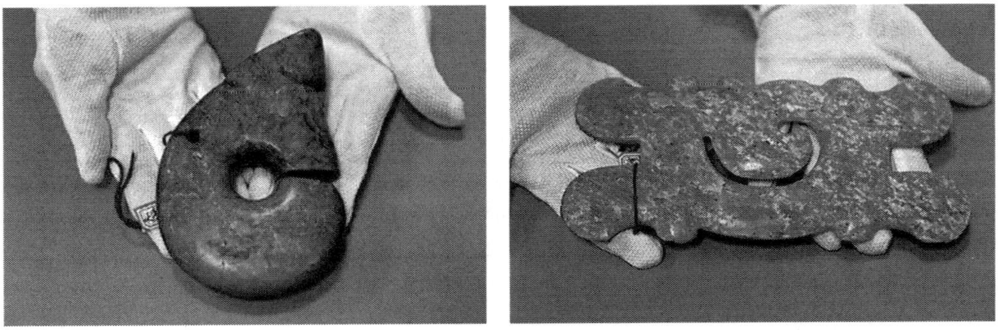

图1 部分被追缴文物[①]

图2 牛河梁遗址一处盗洞[②]

2016年4月14日，辽宁朝阳市中级人民法院（以下简称朝阳市中院）对公安部部督2015一号特大盗掘古文化遗址、古墓葬系列案件主犯姚某某等人做出一审判决。因犯盗掘古文化遗址、古墓葬罪、抢劫罪、倒卖文物罪，头号主犯姚某某数罪并罚被判处死刑，缓期二年执行。以盗掘古文化遗址、古墓葬罪判处3名被告人无期徒刑，判处多名被告人有期徒刑3～15年不等，并处罚金[③]。至此，朝阳市中院审理的公安部部督2015一号案特大盗掘古文化遗址、古墓葬系列案件中实施盗掘行为，售卖并控制所窃取文物的主犯全部一审获刑。

① 新华社记者潘昱龙摄。

② 新华社记者潘昱龙摄。

③ 王羽：《中国最大盗墓案宣判，头号主犯获刑死缓》，《上海企业》2017年第12期。

二、案 例 分 析

（一）案件过程梳理（表1）

表1　红山文化遗址盗掘案件过程梳理

案件过程	时间	事件
缘起	2013年	“朝阳市公安局牛河梁治安分局”升格为“朝阳市公安局文物保卫分局”
	2013年夏	朝阳市公安局蹲守牛河梁遗址及周边盗墓贼，抓捕未果
	2013年8月	群众反映牛河梁遗址周边山上常有聚众赌博，且有人放哨，警方锁定案件头号嫌疑人姚某
	2014年6月	牛河梁遗址及周边区域多次出现盗挖痕迹
开展	2014年7月7日	朝阳市公安局成立7·07专案组
	2014年11月26日	7·07专案升为辽宁省公安厅11·26专案；随即成为公安部2015年部督第一号大案
	2014年12月7日	启动抓捕行动
结案	截至2015年5月	共抓获犯罪嫌疑人175名，打掉盗掘犯罪团伙10个，追回涉案文物1168件
	2015年12月31日	朝阳市中院对第一批案件主犯进行一审判决
	2016年4月14日	案件涉及主犯全部一审获刑

（二）文物保护困境分析

1. 文物保护范围认定滞后

为了今后能更多地获取文物信息，我国一般不对地下文物进行主动发掘。若文物保护区范围划定不准确、监控力度不够大的话，则给了盗墓贼很大的可乘之机。许多地区由于未经过发掘，只根据勘测结果划定保护范围，因此划定的文物保护范围往往与遗址实际范围存在一些偏差。加之，文物保护区内犯案量刑更高，且往往有监控和巡逻人员，相比之下风险更高。为逃避打击，盗掘团伙多在保护区外围或是未被普查到的遗址区进行盗掘活动。盗掘团伙往往都是不计后果的疯狂挖掘，更有甚者，如2·10大韩村盗墓案中的犯罪团伙甚至使用雷管进行爆破，盗墓者得手较容易，但对遗址的破坏却是无法估量、令人痛惜的。

《中华人民共和国刑法》第三百二十四、第三百二十八条中对损毁文物、名胜古迹，盗掘古文化遗址、古墓葬等行为的刑罚都进行了法律规定，但并未对还未纳入或确定为不可移动文物的遗址的犯罪行为进行规定。若要量刑，首先需要对盗掘地遗址进行认定。关于不可移动文物的认定，我国有专门法规文件进行规定说明。《不可移动文物认定导则（试行）》（文物政发〔2018〕5号，以下简称《认定导则》）第五条指出："……具备以下条件之一的古遗址，可以认定为不可移动文物：（一）存在文化堆积，地表发现古文化遗物，且有明晰的分布范围；（二）沿海水域和内水湖泊、河流、水库等区域具有历史、艺术、科学价值的各类文化遗存，包括沉没于水下的遗址、沉船和位置明确的密集文物出土点；（三）经过考古发掘，遗迹尚存；（四）建筑物及构筑物局部构件或者基址尚存。"关于古墓葬的认定，《不可移动文物认定导则（试行）》第六条指出："……具备以下条件之一的古墓葬，可以认定为不可移动文物：（一）墓葬形制结构或者遗迹尚存；（二）整体迁移，在新址有独立的地域范围；（三）经过考古发掘，遗迹尚存。"可若未被发掘、勘探过的古文化遗址或古墓葬已被破坏殆尽，遗址形制结构已难以辨认，分布范围已不甚明晰，则遗址价值大大降低，甚至难以判定为不可移动文物，进而盗掘者的刑罚亦得以减轻。

本文讨论的红山文化遗址盗掘团伙便是为逃避抓捕和打击，在牛河梁遗址保护区外围多次进行盗掘活动，但限于周围并无监控，且在巡逻人员视察范围外，使得当地文物保护分局民警总是晚其一步，盗掘活动屡屡得手。由于文物保护巡逻力量薄弱，且保护范围的划定牵涉很多现实问题，如占据过多农田势必会造成村民不满，保护范围内的土地也无法再利用，现实中文物保护范围的划定不会过大。因此，保护范围划定的进一步准确化、科学化是十分必要的，这样可以避免被盗掘团伙钻空子。

2. 文物流通市场混乱

盗掘团伙在盗掘文物以后首先考虑的便是将文物变现，正是因为有出售渠道，才使得盗掘有利可图。有些文物市场里流通的文物和私人博物馆里展示的文物来源不明，部分古玩市场和旧货市场存在着超范围经营现象。这些场所正成为文物走私的新通道，大大增加了追赃难度和办案成本。《中华人民共和国文物保护法》第五十七条对文物购销、拍卖信息进行了规定，"省、自治区、直辖市人民政府文物行政部门应当建立文物购销、拍卖信息与信用管理系统。文物商店购买、销售文物，拍卖企业拍卖文物，应当按照国家有关规定作出记录，并于销售、拍卖文物后三十日内报省、自治区、直辖市人民政府文物行政部门备案……"但这仍存在较大管理风险，仅对购销、拍卖信息进行记录，不对私人博物馆或文物市场中的文物进行“户口登记”，不能从根本上管控文物市场的混乱局面，亦不能对私人博物馆进行有效规范。

3. 文物保护法规落实难

根据《刑法》第三百二十六条规定，倒卖文物罪是“以牟利为目的，倒卖国家禁止经营的文物，情节严重的，处五年以下有期徒刑或者拘役，并处罚金；情节特别严重的，处五年以上十年以下有期徒刑，并处罚金”。然而，朝阳市检察院副检察长邢吉华表示，从刑法界定的角度看，倒卖文物罪名的成立，需要有证据证明嫌疑人是“主观故意”和“明知”，且具有牟利目的，但许多嫌疑人在落网后都辩称“不知是国家禁止经营的文物”作为逃避打击的借口，这给司法机关进行证据固定带来了一定挑战①。同样地，对于损毁文物行为的界定也存在认证困难和法条不合理的问题，《刑法》中对“故意损毁文物罪”和“过失损毁文物罪”都进行了规定，但罪名的成立便要满足损毁的是“国家保护的珍贵文物或者被确定为全国重点文物保护单位、省级文物保护单位的文物”这一条件，这便意味着，被损毁的文化遗址中并无珍贵文物，或文化遗址并未被公布为文物保护单位的，是无法以故意损毁文物罪或过失损毁文物罪定刑的②。因两者性质不同，量刑也存在区别。有些盗掘团伙在面临抓捕时，为减轻刑罚、逃避打击，可能存在故意损毁或销毁文物的行为，但嫌疑人落网后大都不会承认自己的罪行，或者声称自己是无意的，在证据不足的情况下，对其定罪量刑只能从轻处置，甚至无法定刑。

再如，《中华人民共和国文物保护法》中对盗掘文化遗址、非法经营、买卖文物等行为的惩处力度不具太大威慑作用，其罚金多在五万元以下。对盗掘古文化遗址、古墓葬罪的惩处，《刑法》第三百二十八条规定：“盗掘具有历史、艺术、科学价值的古文化遗址、古墓葬的，处三年以上十年以下有期徒刑，并处罚金；情节较轻的，处三年以下有期徒刑、拘役或者管制，并处罚金；有下列情形之一的，处十年以上有期徒刑或者无期徒刑，并处罚金或者没收财产：（一）盗掘确定为全国重点文物保护单位和省级文物保护单位的古文化遗址、古墓葬的；（二）盗掘古文化遗址、古墓葬集团的首要分子；（三）多次盗掘古文化遗址、古墓葬的；（四）盗掘古文化遗址、古墓葬，并盗窃珍贵文物或者造成珍贵文物严重破坏的。”但在实际量刑时由于对文物的价值评定存在一些争议，很多犯罪行为因而难以采集证据作为量刑依据。倘若初次盗掘、倒卖文物好处的犯罪嫌疑人被抓获，实际刑罚可能并不是很重，与盗掘、买卖文物的获利比起来，盗掘行

---

① 汪文涛、马永辉、韩振伟：《守护文化遗址就是守护文化基因》，《方圆》2016年第11期。

② 郭玉军、王雨田：《论盗掘古文化遗址、古墓葬罪》，《国家检察官学院学报》2001年第3期。

为可算是“低成本、高收益”，这在一定程度上反而会助长这一行为的发生。

此外，《文物保护法》第八条规定：“公安机关、工商行政管理部门、海关、城乡建设规划部门和其他有关国家机关，应当依法认真履行所承担的保护文物的职责，维护文物管理秩序。”但各个机关的具体职责并未详细规定。类似模糊不清的条文只是笼统地规定了权责、义务与违法行为，没有具体阐述相关细则，使得法律在实施过程中难以落实和操作。面对文物法律法规的滞后，文物犯罪行为则趋向复杂，相关法律法规的修改还需尽快提上日程。

4. 涉案文物评估鉴定难

虽然国家对涉案文物的鉴定评估做出了一系列规定，但在实际操作中，文物鉴定仍存在大量问题。一方面，根据国家文物局、最高人民法院、最高人民检察院、公安部、司法部、海关总署联合印发的《涉案文物鉴定评估管理办法》第二十一条规定：“办案机关委托文物鉴定评估的，应当向涉案文物鉴定评估机构提供立案决定书、办案机关介绍信或者委托函、鉴定评估物品清单、照片、资料等必要的鉴定评估材料，并对鉴定评估材料的真实性、合法性负责。”另一方面，《中华人民共和国刑事诉讼法》设置了专门的立案程序，在自己管辖范围内，符合“认为有犯罪事实需要追究刑事责任的时候，应当立案”。这意味着侦查机关在确定文化遗址遭受盗掘破坏以后才能进行立案，而确定该处是否为文化遗址、是否遭到人为破坏、遗址与文物价值几何则是文物鉴定专业机构的工作，这就使得对盗掘现场的评估和立案相互矛盾，形成了一个逻辑怪圈。另外，由于当前涉案文物鉴定尚未完全纳入司法鉴定体系，有关部门出具的鉴定评估报告不属于我国《中华人民共和国刑事诉讼法》规定的鉴定意见，在诉讼中只能作为司法机关定罪量刑的参考。加之许多具备鉴定评估资质的机构多隶属于各省的文物行政部门，不具备第三方法律地位，使得文物鉴定评估报告的客观性常遭到质疑①。这种法律规章自相矛盾的现象对司法的审判和实践造成了很大困扰。

三、解决方案

（一）完善文物保护法规条款

现行文物保护相关的法律法规大多存在不够具体、实际操作难度大、落实

① 张海洋：《盗掘古文化遗址、古墓葬案件侦查对策研究》，中国人民公安大学硕士学位论文，2019年。

困难等情况，甚至不同条文之间还存在矛盾现象，这对文物犯罪的定刑、量刑造成了很大困扰，因此，以《中华人民共和国文物保护法》为代表的文物保护法律法规亟待系统的整合、修订。可以吸纳不同领域的专家进行法律修订的讨论，以达到法律法规体系完整、逻辑顺畅、操作可行的效果，也能加大对违法行为的威慑力。

（二）建立联合执法保护机制

一方面，在实际的保护实践中，面对众多的文化遗址和广大的保护范围，地方的文物保护人员较少、力量薄弱，很难实现较好的保护成果，面对非法盗掘行动时往往不能及时发现和制止；另一方面，作为打击犯罪的主力军，公安机关往往受限于文物专业知识不足、警力不够的情况，不能对文物价值、性质等做出准确判断，也难以准确根据文物信息主动追踪犯罪嫌疑人，从而陷入被迫追击的困境。执法权和文物保护的分离，使得在打击犯罪行为中难以做到主动出击。红山文化遗址盗掘案的成功侦破则和当地成立了文物保护分局密不可分。为了更好地保护当地文物，辽宁省朝阳市牛河梁公安局于2013年被升为文物保护分局，保护范围由原先的牛河梁遗址扩大到全市的文化遗址，强化了防范职能，并“创立了打、防、管、控全覆盖的立体工作模式，形成了全市文物保护物防、技防、人防相结合的立体化防范体系”①。在此制度下，朝阳市文物保护分局的民警可以主动出击，并定时定期、错时错期地进行巡查，改变了过去遗址保护的被动局面，这一成功经验可以进行推广。

（三）净化文物买卖流通市场

国家有关部门应提高文物流通市场准入条件和审查机制，加强相关监管，文物经营许可证、收藏证的发放需进行严格审查，并针对文物收藏机构、流通机构的相关人员进行登记，文物的流通均需备案，相关文物建立“户籍档案”，保证文物市场的流通有序、透明。从流通渠道进一步阻断盗掘文物的获利可能性，不仅可以降低文物追回难度，还能打击盗掘气焰，使得文物即便到手也无从获利。

（四）畅通文物保护协作机制

面对越加专业化、智慧化的盗墓团体，在打击犯罪团伙过程中总是出现部门

---

① 汪文涛、马永辉、韩振伟：《守护文化遗址就是守护文化基因》，《方圆》2016年第11期。

之间协调合作不充分的情况。打击文物犯罪不能单打独斗，相关领域可以就文物犯罪的立法、执法、交流等领域展开合作。可以“由中央层面的公安部和国家文物局牵头，会同海关、工商、外交、税务等职能部门成立打击文物犯罪中央领导小组，吸纳各相关职能部门负责人参与其中，并在此框架下制定各项工作制度为打击和防范文物犯罪提供组织保障”[①]。可以尝试“公安机关+N”的合成作战模式[②]，实现文物犯罪打击的跨地域、跨部门合作，这样打击效果会更明显，执法效果也会更好。

① 张海洋：《盗掘古文化遗址、古墓葬案件侦查对策研究》，中国人民公安大学硕士学位论文，2019年。

② 刘为军：《全国文物犯罪形势分析及打防对策研究》，《国家文物局打击防范文物犯罪形势分析与对策研究专项报告》，2017年，第32～34页。

章公祖师像被盗案件分析

一、案 例 介 绍

图1　阳春村村民在1989年拍摄的章公祖师[②]

章公祖师又名章七三，法号普照，于北宋年间圆寂，圆寂后其肉身被后人塑为金身佛像，现被供奉在大田县吴山乡阳春村和东埔村共同拥有的普照堂内（图1）。因其真身四肢和身首俱全，因而被称为“章公六全祖师”[①]。1995年12月，村民发现章公祖师佛像被盗窃之后随即向公安机关报案。当地居民为了表达对章公祖师的虔诚之心，仿造了一具章公祖师继续供奉，几十年来香火不断。事情直到2015年3月才有了实质性的进展，此时在匈牙利自然科学博物馆展出的一具来自中国的千年佛像引起了村民们的注意，这尊佛像的整体形态与样貌与20年前普照堂内丢失的佛像极为相似，这也就拉开了中国佛像追讨事件的序幕。

本文通过对章公祖师像“失而复得”但“求之不得”全部过程的整体叙述，展现目前文物“国际主义”和“民族主义”之间的利益诉求和核心矛盾。从这起案件中不难看出，在目前文物保护与管理的进程中，在没有具有普适作用的法律公约制约的情况下，文物走私如何有效解决成为目前国际文化遗产领域较为困难和紧迫的问题。

---

① 王莹：《大田“章公祖师”肉身坐佛跨国追索案开审》，《法制日报》2018年7月27日。

② 本刊综合整理：《是文物，更是先祖　大田“肉身菩萨”何时还乡?》，《福建人》2015年第5期。

章公祖师像从被盗窃到展出在匈牙利自然科学博物馆展厅内，再到阳春村村民与荷兰收藏家之间的“较量”，历时长达二十余年之久。章公祖师像被盗后，矛盾最为凸显的便是章公祖师像重新出现在匈牙利自然科学博物馆展厅。通过对这一阶段的梳理与分析，不难看出文物保护相关法律法规的缺环，以及国际文物保护法的矛盾与冲突（表1）。

表1 章公祖师像被盗案事件发展经过

阶段	时间	事件
发展期	2014年	匈牙利自然科学博物馆举办“木乃伊世界”展览，一尊标明为约1100年的中国佛僧肉身宝像作为最重要的展品被单独安放在一间展厅
	2015年3月	英国《每日邮报》中一则名为《千年佛像内现打坐和尚真身》的报道引起大田县阳春村村民的注意，村民怀疑展出的佛像正是丢失的章公祖师像
	2015年3月18日	《环球时报》记者与当地华媒记者刘文建赴博物馆，通过阳春村村民提供的宝像细节信息实地近距离观察，通过认真比对以及佛垫上“本堂普照”字样进行确认。《环球时报》记者通过特别许可再次进入博物馆，拍摄大量细节图片
高潮期	2015年3月20日	为了迎接章公祖师像回归，阳春村村民举办敬拜章公祖师的仪式，在匈牙利的侨胞也在当地举办章公祖师敬拜仪式。但就在当日下午，在侨胞和村民没有任何防备的情况下，佛像被打包后撤出展馆并运回荷兰
	2015年3月23日	荷兰佛像持有者发言人声称佛像持有者是一个从事中国艺术品收藏近30年的中国早期艺术品收藏爱好者，而被撤走的佛像属于荷兰艺术品收藏者
	2015年3月24日	文物部门认定荷兰德伦特博物馆保管的“肉身坐佛”为“被盗文物”①。国家文物局博物馆与社会司社会文物处处长金瑞国表示，国家文物局对于荷兰德伦特博物馆保管的佛像与我国大田县普照堂内丢失的文物极为相似的事件表示高度重视，同时对福建省文物部门下达调查取证等工作的指示
	2015年3月26日	佛像持有者表示在有充分证据证明其收藏佛像即为中国大田县普照堂丢失佛像的情况下，愿意归还佛像，并指出当年以4万荷兰盾的价格收购了这尊佛像，2002年欧元流通以后，荷兰盾退出历史舞台②

① 谢非：《被盗文物善意取得制度的冲突与协调》，山东科技大学硕士学位论文，2016年。
② 张樵苏：《荷兰藏家：若肉身佛像属于中国愿意归还》，新华网（2015年03月27日）http://www.xinhuanet.com/world/2015-03/27/c_1114784449.htm

续表

阶段	时间	事件
高潮期	2015年11月	阳春村和东埔村村民委员会代表全体村民授权中荷律师团队进行追索诉讼①
	2016年5月底	村民委员会委托中荷律师团向荷兰法庭提交诉讼，要求法庭判决荷兰收藏家范奥维利姆将其所持的“肉身坐佛”归还阳春村普照堂②
	2017年7月14日	荷兰法庭首次举行法庭听证会。范奥维利姆在会议上称：“阳春村和东埔村村委会不是荷兰《民事诉讼法典》条款定义的自然人或法人，不可被认定为具有法律人格的有效实体”，因此，“原告诉讼请求应被判决不予受理”。针对被告这一主张，原告向法庭补充提交相关说明文件称，根据中国法律规定，村民委员会有权根据法律或接受本村村民委托作为当事人参与诉讼。在实践中，有大量诉讼案例系村民委员会作为原告或被告参与其中③。这个简单的问题成为这次法官裁定案件是否可受理的一个关键
	2018年7月26日	福建省三明市中级人民法院公开开庭审理原告福建省大田县吴山乡阳春村村民委员会、大田县吴山乡东埔村村民委员会诉被告Oscar Van Overeem（奥斯卡·凡·奥沃雷姆）、Design & Consultancy B.V（设计及咨询私人有限公司）、Design Consultancy Oscarvan Overeen B.V（设计咨询奥斯卡·凡·奥沃雷姆私人有限公司）物权保护纠纷一案。鉴于被告委托诉讼代理人申请的延长两个月作为收取证据的期限，为了保障双方当事人的诉讼权益，本次休庭，下次开庭时间根据具体情况选择待定
	2018年10月31日	荷兰法庭进行第二次听证会。范奥维利姆却表示自己已不再持有佛像，因为他已与“第三方”达成“交换协议”，且他本人并不掌握此“第三方”身份的详细信息④
结果	2018年12月12日	荷兰阿姆斯特丹地区法院在网站上发布书面裁决，表示对于中国福建村民向荷兰藏家范奥维利姆追讨章公祖师肉身坐佛像一案不予受理⑤。据荷兰媒体报道，法院认为村委会不是荷兰《民事诉讼法典》里定义的自然人或法人，没有诉讼资格，因此对此案不予受理⑥

① 沈寅飞：《跨国追索“章公祖师肉身坐佛”》，《方圆》2018年第24期。

② 赵洪南：《揭秘红山文化古墓被盗案追回哪些珍贵文物》，新华社，2016年3月25日。

③ 赵洪南：《揭秘红山文化古墓被盗案追回哪些珍贵文物》，新华社，2016年3月25日。

④ 赵洪南：《揭秘红山文化古墓被盗案追回哪些珍贵文物》，新华社，2016年3月25日。

⑤ 刘亚：《海外流失文物追索之难》，《方圆》2018年第24期。

⑥ 文聪玲：《章公祖师像荷兰诉讼即将宣判，三大焦点问题备受关注》，澎湃新闻（2018年12月12日）https://www.thepaper.cn/newsDetail_forward_2732244

二、案 例 分 析

（一）核心问题

在追索佛像的过程中，产生了三个核心问题（图2）。这三个问题的解决将有助于案件的解决。但在实际的求证过程中，存在各种可变的因素，这也导致荷兰法院单方面不予受理此案件的结果。

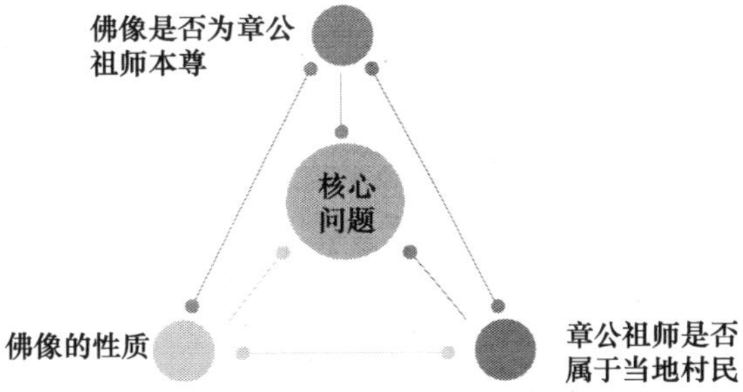

图2　涉及佛像追索过程中的三个核心问题

1. 佛像是否为章公祖师本尊

针对此问题，双方各执一词。为了证明该尊佛像就是章公祖师本尊，当地村民及相关机构提供了大量的证据。阳春村村民提供出之前供奉在普照堂内的章公祖师照片，具体日期为1989年。而在“肉身坐佛”的坐垫上有中国文字“章公六全祖师”“本堂普照”等字样，之前荷兰研究人员将佛像称之为“Liuquan”，推断可能正是音译[①]。在佛像背面还有几行书写的黑色毛笔汉字，毛笔字的关键部分被刮掉，从痕迹判断应是人为破坏。但“经手重新”几个字却清晰可见。这些都成为确认“肉身坐佛”就是章公祖师肉身坐佛的重要信息。相关文物鉴定机构给出最新的调查报告，此项调查报告全面且具体地提供出涉及佛像背后的汉字与大田县村民保存的物证中显示的汉字为一人笔迹的有力证据，证明了佛像背后汉字与村民保存物证上的汉字为一人所出的事实。

在佛像转手的时间线上，存在些许误差。佛像持有者表示自己在1994年末到1995年年中将佛像从自有的香港工作室运回阿姆斯特丹的居住地。而这一时间段早于大田县阳春村村民发现佛像被盗的时间（1995年农历十月二十四日）。但问题关键在于，佛像持有者并没有明确指出购入佛像的具体时间[②]，并且缺乏相关的证据证明其所表达的内容属实。值得一提的是，对于佛像持有者提交的佛像CT扫描专家结论，理应包含扫描影响本身和第三方核对证据文件，但佛像持有者仅提供专家结论文字报告。因此，佛像持有者提供的材料并不能构成有力证据（图3）。

① 赵洪南：《揭秘红山文化古墓被盗案追回哪些珍贵文物》，新华社，2016年3月25日。

② 苏林：《中国流失文物的漫漫归国路》，《党政干部参考》2015年第14期。

图3　匈牙利自然科学博物馆展出的佛像及CT扫描图①

因此，综合双方给出的证据以及证据的有效性来说，阳春村村民提供的证据更加能够说明展出佛像即为章公祖师像本尊，对于这一问题的有效解决有助于佛像追索的有效开展与进行。

2. 佛像的性质

对于此佛像性质的讨论，存在的观点主要有两种，即章公祖师像到底属于“文物”性质还是“人类遗骸（或尸体）”性质。佛像内部的章公祖师是人类尸体遗骸，但也是经过人工处理的木乃伊；因木乃伊具有交易价值，所以可以认定为财产；又因该财产被赋予历史和宗教价值，故应属于文物并能产生所有权②。因此就追索而言，“文物”的定性决定了阳春村村民应从跨国诉讼路径出发，考量与财产、物权有关的国际私法和实体法，提起要求返还文物的物权诉讼③。

佛像属于文物，这就导致之前荷兰的归还先例（都属于尸体）不适用于该佛像的追索，判决法院在没有此类文物归还案例借鉴的情况下，容易造成中荷两国法院判决结果的差异化。这就需要中荷双方进行文物司法上的沟通与商议，在某种程度上加大了文物归还的难度。

3. 章公祖师是否属于当地村民

2017年10月1日生效的《中华人民共和国民法总则》中，对关于村委会的法

① 新华社记者潘昱龙摄。

② 祁红光：《章公祖师佛像跨国追索诉讼国际私法问题研究》，《沈阳工业大学学报（社会科学版）》2019年第4期。

③ 祁红光：《章公祖师佛像跨国追索诉讼国际私法问题研究》，《沈阳工业大学学报（社会科学版）》2019年第4期。

律人格问题进行了详细的规定与说明，但这项内容在之前仍然使用的1986年《中华人民共和国民法通则》中并没有体现出来。而章公祖师文物追索首次诉讼的时间是在2017年10月之前，因此并不适用于此次诉讼。荷兰法院依据《荷兰民法典》第10编第11条否定了原告阳春村村委会的诉讼主体资格。法律上的时间滞后性导致阳春村村民的诉讼并没有成功。这一判定虽然在国人看来不尽如人意，但对于荷兰法院的这一判决来讲，是充分考虑了法院地即荷兰民事诉讼法的规定，又考虑了原告民事权利能力和民事行为能力准据法，即我国法律的规定①。法院的做法是合理的且具有说服力的。这也显示出我国法律在制定上存在严重的滞后性与不足，我国相关立法机关应该吸取此次教训，尽量在制定前期进行足够全面且缜密的分析论证，尽可能避免无法可依等状况的出现。

但是，不同于阳春村村委会，阳春村村民显然具有诉讼主体资格。无论是依据荷兰法律还是中国法律，阳春村村民可以作为原告来对佛像进行再次追索。根据《荷兰民法典》第3编第171条第1款，任何共有人都有权启动对所有共有人而言均带来收益的司法诉讼，或请求司法裁定。因此本文认为，本案可由全体村民作为原告，并推选部分村民或村民委员会成员作为代表，在荷兰法院再次提起追索佛像的跨国诉讼②。

（二）法律依据

为了尽可能地减少文物流失的问题，联合国教科文组织在第二次世界大战结束后商议通过了三个关于追索流失文物的重要公约，按照颁布时间的先后顺序分别是1954年的《武装冲突情况下保护文化财产公约》、1970年的《关于禁止和防止非法进出口文化财产和非法转让其所有权的方法的公约》和1995年的《国际统一私法协会关于被盗和非法出口文物的公约》③。

《武装冲突情况下保护文化财产公约》强调各缔约国不仅在平时要保护文化财产，更禁止在武装冲突时对文化财产进行侵占、掠夺、破坏。该公约规定："在武装冲突下为保存位于被占领区内的文物，可以由占领国或者第三国对被占领国的文物进行暂时保管，保管国应在冲突结束时返还该财产，返还应于请求返还之日起六个月内实现。"

---

① 祁红光：《章公祖师佛像跨国追索诉讼国际私法问题研究》，《沈阳工业大学学报（社会科学版）》2019年第4期。

② 祁红光：《章公祖师佛像跨国追索诉讼国际私法问题研究》，《沈阳工业大学学报（社会科学版）》2019年第4期。

③ 贡蕊：《海外流失文物追索的法律问题研究》，河北经贸大学硕士学位论文，2015年。

《关于禁止和防止非法进出口文化财产和非法转让其所有权的方法的公约》明确“非法进出口文物应当归还”的原则，并通过在缔约国之间建立一种国际合作体制和文化遗产流动中的道德标准，进而加强国际合作①。例如，该公约第十一条规定：“一个国家直接或间接地由于被他国占领而被迫出口文化财产或转让其所有权应被视为非法。”第十三条规定：“通过一切适当手段防止可能引起文化财产的非法进出口的这一类财产的所有权转让；保证本国的主管机关进行合作，使非法出口的文化财产尽早归还其合法所有者……”

《国际统一私法协会关于被盗和非法出口文物的公约》明确“被盗文物务必归还”原则，即将一切违法发掘的或者虽然挖掘行为合法但其持有状态是非法的文物都定性为被盗文化财产。缔约国购买人在取得他国文物时必须承担审慎义务，以确保所取得的文物来源合法；只要某一文物的转移严重损害了请求国特殊利益或者被移转文物对请求国具有特殊意义的，缔约国即负有返还请求国该文物的义务②。

1970年的《关于禁止和防止非法进出口文化财产和非法转让其所有权的方法的公约》中国和荷兰都是签约国，但荷兰2009年7月17日才加入，对1996年收藏家购买佛像一事并无法律效力。而1995年《国际统一私法协会关于被盗和非法出口文物的公约》还未得到荷兰议会批准，也不具备法律约束力。中国和荷兰也没有签订文物归还的双边条约③。

关于“肉身坐佛”是否为“财产”的问题，以及佛像持有者购买“肉身坐佛”的行为是否为善意都成为是否能够成功追索佛像的关键问题。根据荷兰《埋葬与火化法》，如果章公祖师肉身坐佛符合荷兰法律定义的“尸体”，那么就无人可拥有其所有权，但是其处分权应归福建阳春村等村民拥有。作为保管人、管理人和受益人，福建村民拥有对章公祖师肉身坐佛的处分权。佛像持有者拿出“肉身坐佛”CT扫描结果称，肉身内的大部分内脏器官不复存在，不是完整躯体，因此不是荷兰法律定义的“尸体”；荷兰《埋葬与火化法》不适用于包含有人类遗体或残骸的艺术品，应该为木乃伊，可被视为“财产”④。

中国政法大学国际法学院时任副院长霍正欣教授表示两个国家如果有共同适用的国际条约，按照国际条约规定的途径进行追索，是最为有效和便捷的方式。但就本案看，中荷在文物返还领域还没有共同适用的多边及双边国际条约。但他

---

① 高升：《1970年UNESCO公约框架下的文化财产返还机制研究》，《法治研究》2009年第7期。

② 王胜利、王文艳：《我国境外流失文物追索的法律分析》，《人民论坛》2013年第26期。

③ 赵洪南：《揭秘红山文化古墓被盗案追回哪些珍贵文物》，新华社，2016年3月25日。

④ 赵洪南：《揭秘红山文化古墓被盗案追回哪些珍贵文物》，新华社，2016年3月25日。

认为，中国进行追索的途径是比较多的，如通过两国政府之间的外交协商，展开联合调查，这也是比较容易操作的。中国政府也可以尝试请求第三方，如联合国教科文组织促进文物返还的政府间委员会介入并周旋，促进该文物的返还。文物是跨国追索，必然面临复杂的程序和证据、法律方面的困难，不可能一两天就追索成功[①]。

三、案例总结

章公祖师像追索现状的困境显现出目前文物追索、返还普遍存在的问题。对于有国际公约规定的文物追索尚且不容易，对没有同意国际公约的文物追索更是难上加难，这也正是文物国际主义与民族主义之间矛盾冲突的具体体现。对于此领域的难题与困境，相关国际组织需要进一步完善具有针对性的公约准则，国家之间也需要密切展开交流。只有寻找到行之有效的法律准则，才能迈出文物追索、文物返还的第一步。

---

① 李震：《匈牙利展出肉身坐佛突然被撤　疑为中国文物》，人民网（2015年3月23日）http://world.people.com.cn/n/2015/0323/c157278-26732527.html

圆明园马首铜像回归事件分析

一、事 件 介 绍

马首铜像是清代圆明园海晏堂外的喷泉构件十二生肖兽首之一。十二生肖兽首铜像由意大利人郎世宁主持设计、清代宫廷匠师打造，当中的马首尤其工艺精湛、技艺高超，形象刻画逼真、栩栩如生，是见证东西方文明交融的重要历史物证，是中华民族宝贵的文化遗产（图 1 、图2）。1860年，英法联军火烧圆明园，大肆劫掠、损毁珍贵文物，十二生肖兽首铜像自此流失海外，一百余年杳无音信。

图1　圆明园海晏堂十二生肖兽首铜像之马首铜像[1]

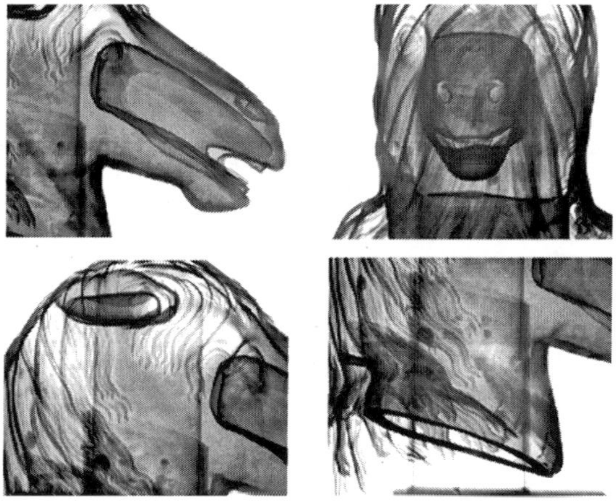

图2　X射线显示的马首铸造工艺[2]

1985年，马首铜像在加利福尼亚州的一处私人住宅中被一位美国古董商无意

① 李瑞：《骏马归来：圆明园马首铜像捐赠仪式在京举行》，《公关世界》2019年第22期。

② 崔剑锋、马仁杰：《工艺分析印证圆明园马首工艺精湛》，《中国文物报》2019年11月15日。

发现，并以1500美元买下[①]。1989年，马首铜像出现在伦敦苏富比拍卖会上。彼时，台湾收藏机构“寒舍”集团（以下简称“寒舍”）的创始人蔡辰洋在拍卖会上将马首拍下。1990年，马首和被“寒舍”一同购得的猴首、牛首、虎首四尊铜像在台湾展出后分别被台湾其他收藏家收藏[②]。

2007年8月，中国香港苏富比准备拍卖马首。国家文物局获悉后，第一时间表达了不赞成的态度，并希望能以其他方式促成马首回归。随后，内地媒体的跟进报道，激起了中国人民强烈的爱国热情，民间反对拍卖的呼声强烈，中华抢救流失海外文物专项基金会表达了反对拍卖的立场[③]。

通过苏富比的积极配合，“寒舍”公司董事长王定乾与苏富比亚洲区总裁程寿康多次拜访准备在本次拍卖会上卖出马首的卖家，进行有关撤拍的斡旋工作。2007年9月，何鸿燊出面，以6910万港币在拍卖会举行之前购得马首[④]，并宣布将捐献给国家。此后，马首一直在港澳地区公开展示[⑤]。

2019年11月，何鸿燊决定将马首作为中华人民共和国成立70周年暨澳门回归20周年献礼正式捐赠国家文物局。同年11月13日，圆明园马首捐赠仪式正式举行。此后，马首铜像与其他回归祖国的六尊圆明园铜像（牛首、猴首、虎首、猪首、鼠首、兔首）在由文化和旅游部、国家文物局主办，中国国家博物馆、中国文物交流中心承办的“回归之路——新中国成立70周年流失文物回归成果展”上展出，于展览结束后正式入藏圆明园[⑥]。

二、事 件 分 析

圆明园马首在它的回归之路上，经历了在伦敦和中国香港的两次拍卖、国外国内多个收藏家之间的“转手”以及爱国企业家的捐赠（图3、图4；表1）。为了给文物回流的道路提供有益经验，下文将对马首回归过程中主要涉及的文物收藏、文物捐赠、文物拍卖行为展开论述，并对各个行为主体及其利益结合有关法律法规进行分析。

① 朱笛：《圆明园兽首铜像的坎坷命运》，《云南档案》2013年第5期。
② 李岩：《圆明园马首回归故土》，《中国拍卖》2007年第10期。
③ 晓德：《圆明园马首铜像回归内幕》，《温州瞭望》2007年第19期。
④ 朱笛：《圆明园兽首铜像的坎坷命运》，《云南档案》2013年第5期。
⑤ 李瑞：《骏马归来：圆明园马首铜像捐赠仪式在京举行》，《公关世界》2019年第22期。
⑥ 李瑞：《骏马归来：圆明园马首铜像捐赠仪式在京举行》，《公关世界》2019年第22期。

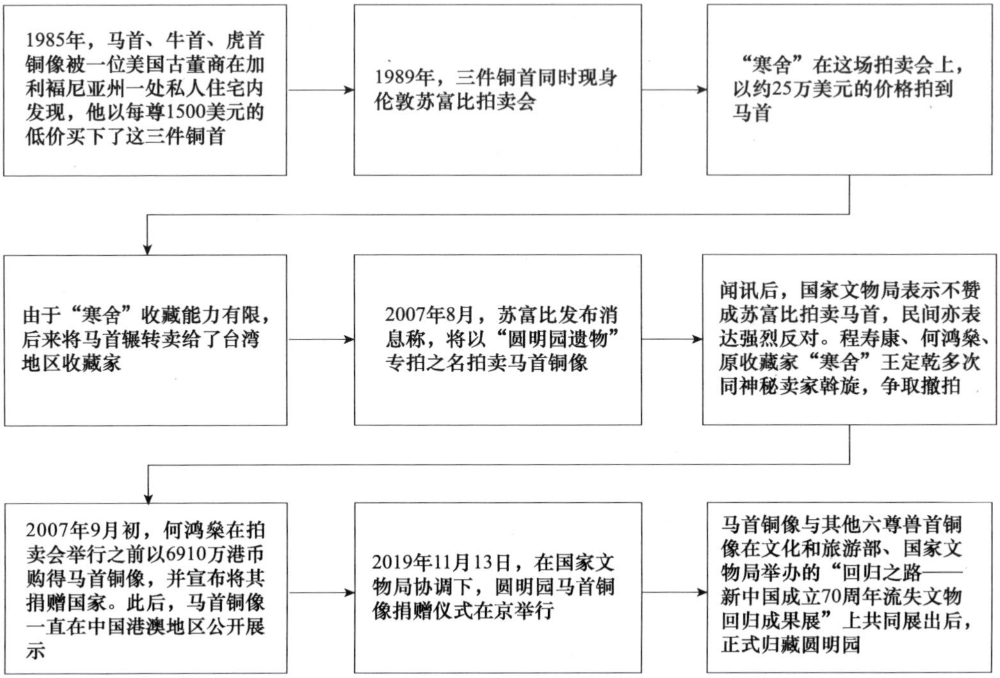

图3　圆明园马首的坎坷回归路

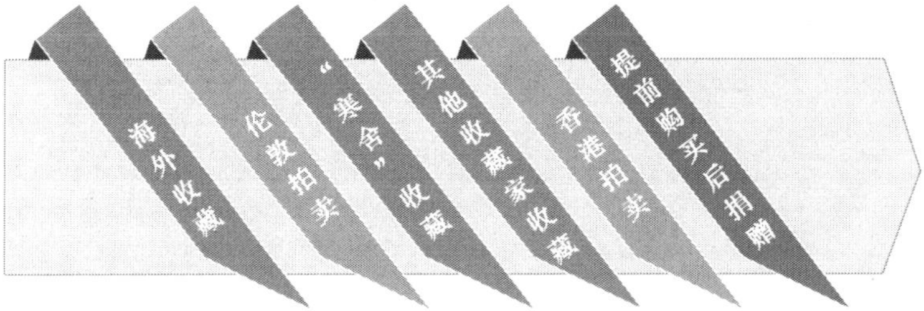

图4　圆明园马首回归路示意图

表1　圆明园马首回归事件中涉及行为及行为主体

行为	行为主体
文物收藏	海外收藏家、“寒舍”集团、其他台湾地区收藏家
文物捐赠	何鸿燊
文物拍卖	伦敦苏富比拍卖会、香港苏富比拍卖会

（一）有关文物收藏

自马首流失海外后，一位美国古董商以1500美元从美国一处私人住宅处购得是它能够为人所知的首次“露面”。在1989年伦敦的拍卖会上，马首被中国收藏家拍得，此后又经过了几轮收藏家之间的“转手”。文物收藏家在马首的回归之路上扮演了极其重要的角色，文物收藏是本事件中不能忽视的重要话题。

1. 我国文物收藏脉络梳理

中国有关收藏的历史已有三千多年，出于垂范后世等教育目的的名人祠堂、兼具保存与研究功能的皇家宝库，以及代代相传的家族“祖传”文物等，文献记载和考古发现都表明了历朝历代皆有与文物收藏和保存相关的行为及设施。早期的私人或皇家收藏机构更可以被认为是有别于西方近代博物馆形态的、生长在中国厚土中的中国博物馆的早期形态。

或保留当代精品传给后代，或搜集古代器物加以鉴赏、研究，这些同收藏有关的行为几乎已经成为中国人的传统风俗，但也正因为我们如此悠久的收藏传统，自近代以来，在政局动荡、战乱不断的大背景下，社会法治体系薄弱，不少珍贵文物因此流落民间，又在文物流通市场法规、政策不完备的背景下远失海外。这些流散民间、流失海外的珍贵文物，背后的历史故事不能为全民共览、艺术价值不能为全民共赏，而与这些文物相关的科学研究也往往不便展开，成为中华文化的一大遗憾。对民间文物收藏和流通行为进行合理的规范是保护我国文物免于流失海外的关键一环。

2. 有关文物收藏规范的国际公约

马首正式进入中国市场前，经历了海外古董商、收藏家的交易和收藏行为，为寻求保护中国海外流失文物免于继续流通的法律途径，需要结合本事件对有关国家法律规定或国际公约展开研讨。

国际上，1995年6月，国际统一私法协会在罗马外交大会上通过《国际统一私法协会关于被盗或者非法出口文物的公约》，该公约于1998年7月1日生效。其第一章第一条说明：

> 本公约适用于如下国际性请求：
>
> （一）返归被盗文物；
>
> （二）归还因违反缔约国为保护其文化遗产之目的制定的文物出口法律而被移除该国领土的文物（以下简称“非法出口文物”）。
>
> ……

第二章第三条规定：

> （一）被盗文物的拥有者应当归还该被盗物。
>
> ……
>
> （三）任何关于返还被盗文物的请求，应自请求者知道该文物的所在地及该文物拥有者的身份之时起，在三年期限内提出；并在任何情况下自被盗时起五十年以内提出。
>
> （四）但是，关于返还某一特定纪念地或者考古遗址组成部分的文物，或者属于公共收藏文物的请求，则不受请求者应自知道该文物的所在地及该文物的拥有者身份之时起三年以内提出请求的时效限制。
>
> （五）尽管有前款的规定，任何缔约国可以声明一项请求应受七十五年的时效限制，或者受到该国法律所规定的更长时效的限制。在另一缔约国境内对从作出上述声明的缔约国纪念地、考古遗址或者公共收藏品中移走的文物提出返还请求，也应受到上述时效的限制。
>
> ……

该公约规定了被盗文物的持有者应当返还被盗文物，文物收藏家不可以收藏被盗文物，但这又受到75年的时效限制，并且只有加入该公约的缔约国才能受到它的制约。该公约虽在推动海外流失文物回归原属国的工作上起到了积极影响，但在本事件中并不能发挥作用。

此外，联合国教科文组织1970年公布了《关于禁止和防止非法进出口文化财产和非法转让其所有权的方法的公约》（以下简称“1970年公约”），中国于1989年加入该公约。其中第二条规定：

> 本公约缔约国承认文化财产非法进出口和所有权非法转让是造成这类财产的原主国文化遗产枯竭的主要原因之一，并承认国际合作是保护各国文化财产免遭由此产生的各种危险的最有效方法之一。
>
> 为此目的，缔约国承担利用现有手段，特别是通过消除其根源、制止现有做法和帮助给予必要的补偿来反对这种做法。

“1970年公约”强调，保护各国珍贵文化遗产需要各个国家的积极配合，并对各国加快规范文物收藏及流通行为、遏制非法进出口和非法转让进行呼吁，加入该公约的国家都需要积极履行各自责任。

“1970年公约”代表了国际社会上保护一国文物免于流失海外的一种声

音，对文物流失与回归议题有一定的积极意义。2019年，因为中日两方均加入了“1970年公约”，经非法盗掘、走私日本的曾伯克父青铜器组在文物部门同外交、公安部门的多重推动下顺利回归祖国，成为利用国际公约追回海外流失文物的范例。但“1970年公约”也同样存在对诸多未加入该公约的文物占有国的不适用问题。

3. 规范文物收藏的国内法律制度

马首经拍卖进入中国收藏家手中后，经过了“寒舍”集团及其他台湾地区收藏家的几轮收藏行为，为探讨此环节中促进文物回归的法律途径，需要结合本事件对我国有关法律进行简要论述。

1961年，国务院制定了《文物保护管理暂行条例》。1982年，第五届全国人大常委会审议通过了《中华人民共和国文物保护法》，同时，《文物保护管理暂行条例》废止。此后，《中华人民共和国文物保护法》经历了一次修订和五次修正。

《中华人民共和国文物保护法》（2017年）中第五章民间收藏文物第五十条规定：

> 文物收藏单位以外的公民、法人和其他组织可以收藏通过下列方式取得的文物：
>
> （一）依法继承或者接受赠与；
>
> （二）从文物商店购买；
>
> （三）从经营文物拍卖的拍卖企业购买；
>
> （四）公民个人合法所有的文物相互交换或者依法转让；
>
> （五）国家规定的其他合法方式。
>
> 文物收藏单位以外的公民、法人和其他组织收藏的前款文物可以依法流通。

第五十一条规定：

> 公民、法人和其他组织不得买卖下列文物：
>
> （一）国有文物，但是国家允许的除外；
>
> （二）非国有馆藏珍贵文物；
>
> （三）国有不可移动文物中的壁画、雕塑、建筑构件等，但是依法拆除的国有不可移动文物中的壁画、雕塑、建筑构件等不属于本法第二十条第四款规定的应由文物收藏单位收藏的除外；
>
> （四）来源不符合本法第五十条规定的文物。

马首是经战争掠夺流失海外的中国珍贵文物，但由于在其正式流入中国国内市场前，国际上并不能明确判定拍卖或收藏我国流失文物有违法律规定，当马首经第一次拍卖进入中国市场后，几个中国收藏家在国内对马首的几次“转手”行为，依照我国《中华人民共和国文物保护法》中的有关规定，并不明确违法。综上所述，在本事件中，推动国际上有关协定的完善是重中之重。

4. 本事件中的文物收藏行为分析

据上文对有关追回海外流失文物的国际环境分析，除了继续推动有关国际条约、法律制度建设外，在马首公开亮相前，即使有关国家已经签订相关协定、条约，原则上由于无法获知其所在位置，追回马首的工作依然无法展开，这就需要中国加强文物追索的机构建设，在主要的中国文物收藏国设立专门机构，同时委派专业的鉴定人员，承担收集信息、征集鉴定等工作，推动流失海外文物的追索工作[①]。

1989年，台湾地区收藏机构“寒舍”创始人蔡辰洋在伦敦的苏富比拍卖会上将圆明园马首拍下。1990年，“寒舍”收藏的马首、猴首、牛首、虎首四尊铜像在台湾地区展出后分别被台湾地区其他收藏家收藏[②]。

关于收藏，“寒舍”买下圆明园马首，避免了马首被其他外国收藏家拍下而继续在海外流失，在国家层面上具有重大意义。从一定程度上来看，这是保护了我国珍贵文物的积极行为。但同时，“寒舍”身为一家民间收藏机构，购买圆明园马首这类能够吸引海内外广泛关注、激起广大群体爱国热情的文物，必然会为其发展造势，是扩大企业影响力的重要手段，其在海外市场选购珍贵文物必然基于一定的经济利益。这也是“寒舍”会在圆明园铜像展出后因“收藏能力有限”转手给其他台湾地区收藏家的关键因素。总体来看，据前文罗列的各项国际公约和法律制度，本事件中各行为主体围绕圆明园马首展开的各类行为都无法找到相关法律规定明确判定为违法，但“寒舍”没有将马首“转手”给外国收藏家，使得它避免了又一次远失海外的命运，实际上仍然坚持住了保护中国珍贵文物的底线。而在马首被其他台湾地区收藏家收藏后，时隔17年，又一次出现在了拍卖会的名单中，马首有了再次流失海外的风险，这是当时在法律不能保护马首的背景下无法完全规避的结果。

---

① 高游：《耿东升委员：采取措施加快流失海外珍贵文物回归》，国家文物局官网（2019年3月12日）http://www.ncha.gov.cn/art/2019/3/12/art_722_154141.html

② 李岩：《圆明园马首回归故土》，《中国拍卖》2007年第10期。

（二）有关文物捐赠

在广泛的民间收藏基础上，社会捐赠一直是我国博物馆馆藏的重要来源之一，这是激发博物馆藏品和展览活力、调动社会力量投入博物馆、促进博物馆健康持续发展的重要途径。国家也一直欢迎和鼓励以捐赠形式推动海外流失文物回归。

《中华人民共和国文物保护法》第五十二条规定：

> 国家鼓励文物收藏单位以外的公民、法人和其他组织将其收藏的文物捐赠给国有文物收藏单位或者出借给文物收藏单位展览和研究。
>
> 国有文物收藏单位应当尊重并按照捐赠人的意愿，对捐赠的文物妥善收藏、保管和展示。
>
> 国家禁止出境的文物，不得转让、出租、质押给外国人。

何鸿燊向国家捐赠中国流失海外的珍贵文物，是弘扬爱国精神、奉献精神，保护中国宝贵文化遗产，传承中华优秀传统文化，助力海外流失文物回归的义举，推动了社会更加关注文化遗产保护、关心海外流失文物回归，为文物回流事业做出了重要贡献。

（三）有关文物拍卖

1989年，马首在伦敦拍卖场上被中国民间收藏机构拍下，随后又经转手后出现在香港拍卖场名单中。文物拍卖也是本事件中的关键议题，下文将简要介绍有关拍卖的法律制度建设情况并结合本事件进行分析。

现代拍卖起源于西方。拍卖业萌芽于大约两千年前的古罗马，在17～18世纪的欧洲正式形成。当今世界上两大拍卖行——苏富比和佳士得就成立于18世纪中叶，规范拍卖的有关法规也在这时建立起来。

20世纪末，中国各地开始陆续设立拍卖企业。《中华人民共和国拍卖法》也于1997年颁布。《中华人民共和国文物保护法》中也有针对文物拍卖行为的相关规定。2003年颁布的由国家文物局根据《中华人民共和国文物保护法》制定的规范性文件《文物拍卖管理暂行规定》中第十二条规定：

> 下列文物不得作为文物拍卖标的：
>
> 1. 依照法律应当上交国家的中国境内出土的文物；

2. 依照法律应当移交文物行政部门的文物，包括国家各级执法部门在查处违法犯罪活动中依法没收、追缴的文物；

3. 银行、冶炼厂、造纸厂以及废旧物资回收单位拣选的文物；

4. 国有文物收藏单位以及其他国家机关、部队和国有企业、事业组织等收藏、保管的文物；

5. 国有文物购销经营单位收存的珍贵文物；

6. 非国有馆藏珍贵文物；

7. 物主处分权有争议的文物；

8. 其他依法律法规规定不得流通的文物。

在马首的第一次拍卖中，据上文对有关国际公约的背景介绍，无法从法律途径促进马首回归，跨国追索路径困难，需要国际上有关法律条约的健全以及国内追索体制、追索团队的发展壮大，中国买家拍下马首已是当时最好的结果。而第二次发生在国内的马首险些被拍卖的行为，因马首并不属于国内法律规定的不能成为标的的文物，拍卖马首的行为并不能被判定为违法，也同样不能通过法律程序撤拍，拍卖行拍卖马首的行为不能被法律有力的驳回。

虽然马首不能被直接撤拍，但促进马首回归的形势仍然占据上风。

《中华人民共和国文物保护法》第五十六条规定：

文物商店不得销售、拍卖企业不得拍卖本法第五十一条规定的文物。

拍卖企业拍卖的文物，在拍卖前应当经省、自治区、直辖市人民政府文物行政部门审核，并报国务院文物行政部门备案。

第五十七条规定：

省、自治区、直辖市人民政府文物行政部门应当建立文物购销、拍卖信息与信用管理系统。文物商店购买、销售文物，拍卖企业拍卖文物，应当按照国家有关规定作出记录，并于销售、拍卖文物后三十日内报省、自治区、直辖市人民政府文物行政部门备案。

拍卖文物时，委托人、买受人要求对其身份保密的，文物行政部门应当为其保密；但是，法律、行政法规另有规定的除外。

第五十八条规定：

文物行政部门在审核拟拍卖的文物时，可以指定国有文物收藏单位

> 优先购买其中的珍贵文物。购买价格由文物收藏单位的代表与文物的委托人协商确定。

依据拍卖企业应当提前报备拍品并交予文物行政部门审核、文物行政部门具有指定国有文物收藏单位优先购买的规定，马首再次被拍、可能流失海外的境况可以得到暂缓。最终在多方斡旋下，马首顺利回归。

本事件中马首回归之路受阻，国际、国内的有关制度建设不够完备是重要原因之一。

关于文物拍卖，国内、国际社会各界人士历来持有不同意见。近二十年来，有近十万件文物是以拍卖形式流回国内，过去不少海外流失文物是经国家官方或民间组织、个人在国际经济市场中购回的。同时，国际市场上，正是海内外中华儿女的爱国热情和社会舆论的密切关注推动了海外流失文物的价格抬升，拍卖会上的价格角逐促使越来越多的文物持有者愿意在拍卖会上出手，不得不承认国际市场的文物拍卖在文物回流道路上的作用。

虽然无法否认拍卖交易行为促使了大量中国文物回归祖国，但如今，随着我国国际地位的持续提升、文物返还“中国声音”的显著增强①，在海外拍卖会上购回流失文物的行为已不是追回文物的首选方式，综合运用司法诉讼、外交斡旋等成为近年来追索海外流失文物最为提倡的方式。

同时，国内的法律制度也在逐渐完善。2020年5月，国家文物局对《文物拍卖管理暂行办法》做了全面的修订。《文物拍卖管理办法》（文物政发〔2020〕6号）中第十四条规定：

> 下列物品不得作为拍卖标的：
>
> （一）依照法律应当上交国家的出土（水）文物，以出土（水）文物名义进行宣传的标的；
>
> （二）被盗窃、盗掘、走私的文物或者明确属于历史上被非法掠夺的中国文物；
>
> （三）公安、海关、工商等执法部门和人民法院、人民检察院依法没收、追缴的文物，以及银行、冶炼厂、造纸厂及废旧物资回收单位拣选的文物；
>
> （四）国有文物收藏单位及其他国家机关、部队和国有企业、事业

① 张冲：《“回归之路——新中国成立70周年流失文物回归成果展”在中国国家博物馆开幕》，国家文物局官网（2019年9月17日）http://www.ncha.gov.cn/art/2019/9/17/art_2246_157225.html

单位等收藏、保管的文物，以及非国有博物馆馆藏文物；

（五）国有文物商店收存的珍贵文物；

（六）国有不可移动文物及其构件；

（七）涉嫌损害国家利益或者有可能产生不良社会影响的标的；

（八）其他法律法规规定不得流通的文物。

新的规定吸取过去的经验，明确规定了属于历史上被非法掠夺的中国文物不得成为拍卖标的，从根源上制止了海外流失文物在国内以拍卖方式流通的可能，为避免文物流失创造了更好的法律环境。

三、事件总结

我国文物资源丰富，但自1840年以来，大量文物流失海外，追索海外流失文物是现如今我国文物保护事业重点工作之一。

新中国成立至今，已经有300余批次、15万余件流失海外中国文物顺利追回①，2019年更是有1000多件文物回归祖国。数十年的追索实践和国家实力的飞速增长，为海外流失文物的追索道路拓宽了方向。马首也是逢新中国成立70周年暨澳门回归20周年之机正式捐赠，本事件的圆满落幕为文物回流提供了有益借鉴。

文物回流的途径一般认为有收购、外交途径、法律途径、捐赠等。收购包括民间收购和国家以专项征集经费购买；外交途径包括谈判协商、外交斡旋及签订双边协定、谅解备忘录等；法律途径下一般有执法合作和司法诉讼等方式。而往往在实际操作中，针对一件（套）文物的追回工作是可以多种方式并用的。

关于收购，曾经被打出"国宝"噱头的几尊圆明园兽首铜像在拍卖会上的成交价格越来越高，国家文物局官方也明确表达了会更多依据有关公约，更多选择法律、外交途径，在道义上进行呼吁和追溯，而拒绝采用"回购"方式的态度。更不鼓励社会广泛炒作、哄抬中国流失文物价格、为利用中国民众爱国热情的商人制造机会②。

如今，中国不断扩大国际上追索文物返还的国际合作，与越来越多的国家签订了双边协定等，发出有力声音。目前，已有数千件文物依靠外交途径回归祖

---

① 赵昀：《山水迢迢，挡不住文物回家》，国家文物局官网（2020年2月4日）http://www.ncha.gov.cn/art/2020/2/4/art_1027_158621.html

② 马健：《媒体对藏品价格的影响》，《现代营销》2011年第2期。

国，外交逐渐成为文物回流道路上的关键一环。

有关法律途径，在过去促进文物回流的工作中，这个方式阻碍最多，如今随着祖国的强大而渐渐越走越顺。上文也对追回海外流失文物的法律环境进行了简要的论述，国内法律体系整体上正在逐渐走向完善，但关于文物保护的法律仍然存在漏洞，同时国际立法体系仍需要国际社会的共同合作。

总体来说，结合对本事件及近年来文物顺利回归的范例分析，除了要不断鼓励社会参与、增强社会文物保护意识，接下来的海外流失文物追索工作还应当更加注重对国家力量的运用，多从国家层面出发，在预防环节，积极与其他国家建立友好关系，达成一致意见，签订有关协定，积极参与国际公约的建立健全；在追索环节，综合运用外交、司法等多种手段表明坚定立场、发出有力声音。在国内方面，继续加强有关法律建设，增强文物信息平台建设力度，健全追索制度及队伍，加强文物收藏、流通市场规范，建立社会力量充分加入的多元追索模式，为文物回流提供最强有力的后盾。

圆明园鼠首和兔首铜像回归事件分析

一、事件介绍

（一）圆明园兽首概况

“圆明园兽首”，又叫作“圆明园十二生肖兽首铜像”，原出自北京圆明园，是圆明园海晏堂前的喷水池“水力钟”的构件，该“水力钟”又叫“十二生肖报时喷泉”。每到一个时辰，子鼠、丑牛、寅虎、卯兔、辰龙、巳蛇、午马、未羊、申猴、酉鸡、戌狗、亥猪，相应地十二生肖动物口中就会喷水，每个动物喷水两小时。而到正午十二时，十二生肖兽首铜像则会同时喷水，场面十分壮观。此十二生肖兽首铜像，是清朝乾隆年间，由欧洲传教士意大利人郎世宁主持设计，法国人蒋友仁设计监修，清宫廷匠师制作而成的[①]。其构思别致，设计精巧，同时融合了中华传统文化和西方艺术风格，承载着重要的历史文化信息，是当时国力强盛的象征，肩负着传承中华文明的重担。

（二）圆明园兽首流失与回归的过程梳理

1860年10月，英法联军在圆明园大肆劫掠，十二生肖兽首从此流失海外，颠沛流离、各自辗转。现在已经回归祖国的有虎首、牛首、猴首、猪首、马首、鼠首和兔首。其中，鼠首和兔首的回归之路最为坎坷（图1、图2）。

最初，一位奥地利传教士将鼠首和兔首带回了欧洲。

20世纪80年代初，法国的阿莱克斯·库克兄弟以几千美元的价格从这位奥地利传教士的后代手中购得了鼠首、兔首。随后，它们又被卖给了一位法国古董收藏家爱立克斯，但交易价格并不为人所知。1987年，这位法国古董收藏家又将鼠首、兔首以大约50万美元的价格卖给了法国人伊夫·圣罗兰[②]。

---

① 中国拍卖编辑部：《圆明园兽首的坎坷回归路》，《中国拍卖》2013年第6期。

② 王开玺：《圆明园青铜鼠首、兔首令人心酸而富于戏剧性变化的历史命运》，《圆明园学刊》2014年第16期。

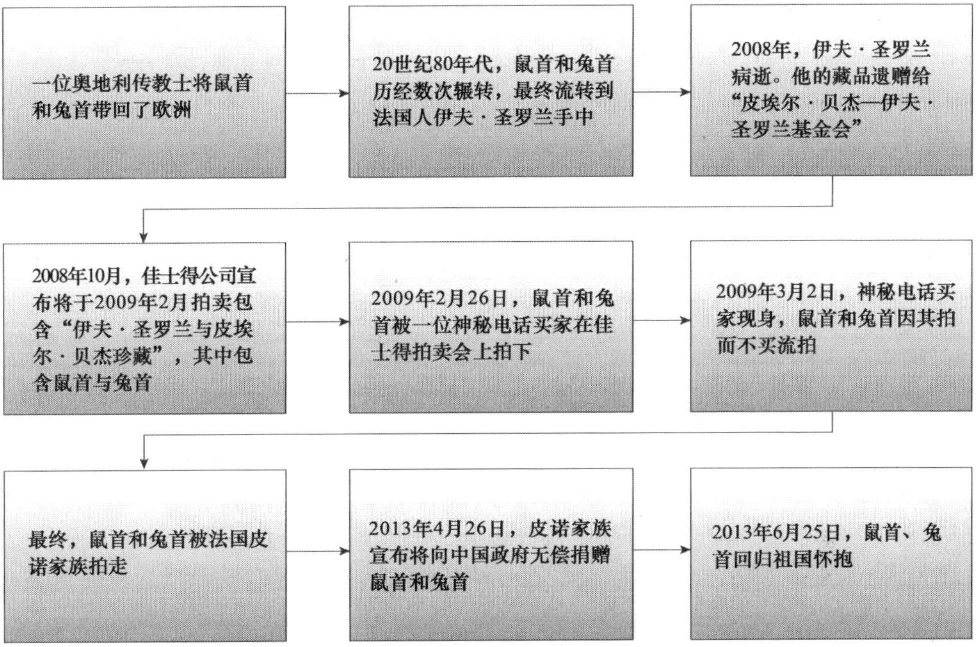

图1　鼠首和兔首的流失与回归之路

图2　圆明园十二生肖兽首中的鼠首和兔首铜像①

① 高峰：《圆明园兽首的艰难回归之路》，《世纪桥》2009年第8期。

2008年6月，伊夫·圣罗兰病逝。他的藏品遗赠给“皮埃尔·贝杰—伊夫·圣罗兰基金会”。同年10月，法国的佳士得拍卖行宣布计划于2009年的2月在巴黎拍卖圆明园鼠首和兔首。北京时间2009年2月26日，鼠首和兔首被一位神秘电话买家在佳士得拍卖会上以3149万欧元的价格竞得①。3月2日，神秘电话买家蔡铭超现身，鼠首和兔首因其“拍而不买”流拍。最终，弗朗索瓦·亨利·皮诺，以两次分别竞拍的方式，拍得了鼠首和兔首，成交价格不明②。

2013年4月26日，法国皮诺家族宣布预备向中方无偿捐赠圆明园鼠首和兔首。2013年6月25日，鼠首、兔首安全归国。

（三）事件细节脉络分析

2008年10月，中国社会各界及海外爱国华人等在得知佳士得拍卖行将拍卖鼠首和兔首后，表达出强烈的不满。2009年1月16日，流失海外文物追索起诉办公室组成“追索圆明园海外流失文物诉讼律师志愿团”，于2月9日对鼠首和兔首的收藏者、佳士得拍卖公司发出律师函和律师声明，申明反对拍卖的立场，事件进入了法律程序。

2009年2月12日，中国外交部发言人姜瑜针对该事件回答了记者提问。姜瑜认为，鼠首和兔首铜像是中国流失海外多年的珍贵文物，中国对鼠首、兔首铜像的所有权是毋庸置疑的。此外，文物拍卖伤害的不仅是中国人民的感情，还是中国人民的文化权益，并且有悖国际公约。国家文物局的态度与之前一样，反对回购③。当日，佳士得公司回应称“拍卖如期举行”。

同年2月23日，代表“追索圆明园海外流失文物诉讼律师志愿团”及该案件的原告——“欧洲保护中华艺术协会”的一名旅法律师与代表佳士得的八名律师，在法国巴黎大法院展开角逐。中方和法方律师数量上巨大的悬殊，使得败诉几乎已成定局。在两个小时的庭审过程中，中方律师发言了十几分钟后，法方律师团轮番上阵，占去了中方律师发言的机会④。最终，法国巴黎法院以“欧洲保护中华艺术协会”没有“直接请求权”为由，驳回了中国律师团关

① 王开玺：《圆明园青铜鼠首、兔首令人心酸而富于戏剧性变化的历史命运》，《圆明园学刊》2014年第16期。

② 王开玺：《圆明园青铜鼠首、兔首令人心酸而富于戏剧性变化的历史命运》，《圆明园学刊》2014年第16期。

③ 王慧：《我国非法流失文物保护的法律适用——以圆明园兽首拍卖案为例》，《法制与经济（中旬刊）》2010年7月。

④ 姜黔阳：《从圆明园兽首回归论非政府组织间的软较量》，《理论月刊》2009年第10期。

于停止拍卖的诉讼请求，并批准了圆明园流失文物鼠首和兔首的拍卖。2月25日，拍卖如期举行。

北京时间鼠首、兔首被拍卖的次日，国家文物局发布了一则《关于审核佳士得拍卖行申报进出境的文物相关事宜的通知》，其中申明“未提供合法来源证明或证明文件不全的，不予办理文物进出境审核手续”。

3月2日，佳士得拍卖场上的电话买家现身，买家是“中华抢救流失海外文物专项基金”顾问蔡铭超。3月3日，也就是蔡铭超宣布不付款、随后拍品流拍的第二天。蔡铭超解释自己不付款的原因是：“作为一个中国人，必须遵守中国政府的规定。如果这两件拍品无法入境，自然不能付款。”①

鼠首、兔首流拍，最终被亨利·皮诺拍走。

同年4月初，佳士得在上海静安区落户。佳士得成为首家在中国获得拍卖执照，并可以独立开展拍卖业务的国际艺术品拍卖公司②。4月25日，中国商务部、法国外贸部在北京合作举办了中法商务论坛，中国国家主席习近平、法国总统奥朗德出席了论坛的闭幕式并致辞。中法首脑在举行会晤时共同承诺，要推动世界多极关系，并共同致力于推动国际关系民主化，最后对两国的新型全面战略伙伴关系表达了期待。

2013年4月26日上午11时，国家文物局副局长宋新潮、博物馆与社会文物司司长段勇在北京柏悦酒店同皮诺举行了会晤。皮诺代表皮诺家族，宣布计划向中国政府无偿捐赠圆明园鼠首和兔首铜像③。

二、事件分析

（一）事件发展过程中的相关利益群体及其利益分析（图3）

1. 事件发展初期：佳士得拍卖鼠首和兔首

佳士得不顾道义原则，以中华民族的民族情感为要挟，推动文物价值抬升，意图赚取巨额经济利益。

流失海外文物追索起诉办公室自发组成律师团，欧洲保护中华艺术协会出面担任原告，共赴追索流失文物之路，推动海外流失文物归国，保护本归我国所有的文物，维护民族尊严与情感。

---

① 中国拍卖编辑部：《圆明园兽首的坎坷回归路》，《中国拍卖》2013年第6期。

② 中国拍卖编辑部：《圆明园兽首的坎坷回归路》，《中国拍卖》2013年第6期。

③ 中国拍卖编辑部：《圆明园兽首的坎坷回归路》，《中国拍卖》2013年第6期。

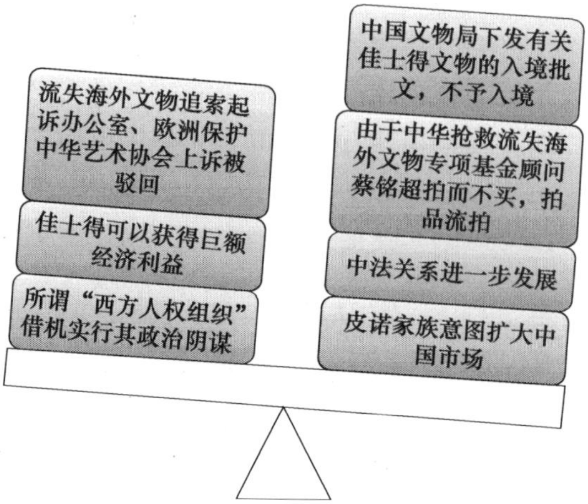

图3　鼠首和兔首顺利回归事件背后的利益角逐

中国政府全力支持文物回流，收回曾被战争掠夺的海外流失文物，这有利于提高我国的国际地位、扩大中国的国际影响力，更是维护我国国家主权和人民权益的重要途径。

2009年2月18日，在中方各界对于拍卖鼠首、兔首行为表示强烈反对之后，鼠首和兔首的拥有者皮埃尔·贝杰公然为“藏独组织”摇旗呐喊，其险恶的政治阴谋彻底显露。

2. 事件发展发生转折：拍品流拍

拍卖成交第二日，国家文物局就出台了关于严查佳士得拍卖行出入境文物的申报，不予拍品入境。

3月2日，中华抢救流失海外文物专项基金顾问蔡铭超拒绝付款。

这一转折实际上阻止了交易的进行，化解了或只能花超高价买走兽首，或任由兽首再次落入他人手中的窘境，避免了文物回流的不利发展和对文物走私市场的不良刺激，避免了国家资产的流失。同时表明了中国国家主权、领土完整、祖国统一和民族团结不容侵犯、不容置喙、中国不受西方国家胁迫的坚定立场。维护了中华民族的情感与道义，维护了中国国家政治、经济利益。

3. 事件最终结果：法方无偿捐赠鼠首、兔首

为促进中法关系的良性发展，从而推动中法政治、经济等各方面的有利合作，无偿归还鼠首与兔首成为中法关系更进一步发展的良好开端，是法国政府向中国政府表明其良好合作意向的“见面礼”。

中国大陆是开云集团经营的众多奢侈品部分的最大增长点。同时，2012年12

月，开云集团也表示了将继续留意在中国的收购项目。2013年3月，开云集团的改名，显然也是更符合中国大众的理解习惯①，这些都显示出了皮诺家族定位中国市场、扩大中国市场的意向。

皮诺家族无偿归还鼠首、兔首，既可以为集团的奢侈品销售扩大宣传、打开市场，又可以一定程度上抹去佳士得2009年执意拍卖兽首事件给中国人民留下的负面印象，为佳士得在上海的发展助力。

（二）事件发展过程中涉及法律制度问题及相关依据

1. 文物的所有权问题

国际上历来有一些声音，宣扬着所谓的“文化国际主义”。他们的核心思想表面上是说文物是属于整个人类的共同遗产，宣扬文物具有的普世价值，但实质上却是在替国际上实力雄厚的文物占有国家做辩护②。

最典型的例子就是2002年的12月，巴黎卢浮宫、纽约大都会博物馆等18所博物馆馆长，在德国慕尼黑联名发表了宣言《关于普世性博物馆的价值及重要性的宣言》，该宣言中称：“国际博物馆界公认必须严厉阻止非法贩卖考古文物、艺术品及民族工艺品，但是我们应该以不同的感受及不同的价值来看待那些在早期获得的、反映了那个时代特点的作品……但我们应该承认，博物馆不只为某一个国家的公民服务，还为每一个国家的公民服务。”③

但国际上这一声音其实是站不住脚的。首先，无疑保护文物的完整性，是国际上关于文物保护的共识。文物的原生地、文物的价值、文物的物质形态的完整性都至关重要。而文物保留在文物占有国，是将文物与文物原生地割离，剥夺其在原属国产生、发展的历史过程，剥离其中蕴含的浓厚民族情感与优秀民族文化，不能发掘阐释文物完整的文化价值，是破坏文物的完整性的行为。同时，当文物处在文物占有国，其物质形态的完整性保存也一样令人担忧。根据英国国家博物馆近年来的年度报告，许多库存文物并没有获得良好的保管，有30%的库存藏品没能被放置在一个恰当的保藏条件下，这个比率自2000年以来，一直没有改变④。

---

① 中国拍卖编辑部：《圆明园兽首的坎坷回归路》，《中国拍卖》2013年第6期。

② 穆永强、朱晶松：《文化语境下文物返还的法理基础与法律困境》，《广西警察学院学报》2020年第1期。

③ 段勇：《博物馆与文化遗产的“普世”问题探析》，《中国博物馆》2007年第4期。

④ 道峰、李树波：《大英博物馆中国文物的保存状况调查》，《南方周末》2003年7月17日。

其次，辩证唯物主义认为，共性存在于个性之中。文化国际主义的文物普世价值本质是承认文化遗产价值的世界性，但不代表要抹杀掉该文化遗产的来源——各国家、各民族的文化遗产价值个性。文化遗产首先是一个民族或国家的物质文明和精神文明的凝练，然后才是可以为世界人民共同认识和欣赏其价值的产物。“文化国际主义”的所谓文化遗产归全人类所有的观点，具有明显的理论漏洞，剥去华丽的外衣，只不过是文物占有国继续占有他国文物的借口。

但其实，即使排除国际上文物占有国利益联盟的理论干扰，流失文物的追索之路仍然面临着法律程序上的重重阻碍。这些阻碍也正是文物占有国以“文化国际主义”理论为借口，得以实现其继续保留战争掠夺文物的根本原因。

最后，从国内立法的角度来看，《中华人民共和国文物保护法》第二条规定了我国境内的文物范围：

> （一）具有历史、艺术、科学价值的古文化遗址、古墓葬、古建筑、石窟寺和石刻、壁画；
>
> （二）与重大历史事件、革命运动或者著名人物有关的以及具有重要纪念意义、教育意义或者史料价值的近代现代重要史迹、实物、代表性建筑；
>
> （三）历史上各时代珍贵的艺术品、工艺美术品；
>
> （四）历史上各时代重要的文献资料以及具有历史、艺术、科学价值的手稿和图书资料等；
>
> （五）反映历史上各时代、各民族社会制度、社会生产、社会生活的代表性实物。
>
> 具有科学价值的古脊椎动物化石和古人类化石同文物一样受国家保护。

《中华人民共和国文物保护法》出台的时间是1982年，上文中有关文物范围的内容来自2002年修订后的《中华人民共和国文物保护法》。

根据法律不溯及既往的原则，法律对其生效以前的事件和行为不适用。也就是说，在1982年的《中华人民共和国文物保护法》生效时，早已流失海外的我国众多文物，严格意义上不属于此法所述的我国境内的文物范围，所以不受我国法律的保护。国内立法的这一现状提醒我国尽快健全保护海外流失文物及海外流失文物追索相关法律体系，为文物回流提供法律支撑。

2. 国际公约的时效和不适用问题

在国际社会中，流失文物的归还和追索问题同样有诸多无法企及之处。

2009年，鼠首、兔首被拍卖前夕，中国外交部发言人称佳士得拍卖行拍卖鼠首、兔首的行为“有悖有关国际公约”。

近几十年来，中国加入的有关保护文物、保护文化遗产的国际公约有《关于禁止和防止非法进出口文化财产和非法转让其所有权的方法的公约》《国际统一私法协会关于被盗或者非法出口文物公约》《武装冲突情况下保护文化财产公约》等。其中，与该事件联系较为密切的是1995年6月国际统一私法协会在罗马外交大会上通过的《国际统一私法协会关于被盗或者非法出口文物公约》，该公约于1998年7月1日生效。中国于1997年加入该公约。该公约的适用范围包括国际范围内返还被盗文物的请求和归还违反文物出口法律走私出国的文物的请求。该公约确立了被盗文物返还的三个原则：非法挖掘的文物也视为被盗；被盗文物的持有者应该归还被盗文物；被盗文物的善意取得人在归还文物时，有权获得公平合理的补偿[①]。

但是，该公约用汉字数字了返还被盗文物的请求的时限：“任何关于返还被盗文物的请求，应自请求者知道该文物的所在地及该文物拥有者的身份之时起，在三年期限内提出；并在任何情况下自被盗时起五十年以内提出。但是，关于返还某一特定纪念地或者考古遗址组成部分的文物，或者属于公共收藏的文物的请求，则不受请求者应自知道该文物的所在地及该文物的拥有者身份之时起三年以内提出请求的时效限制。尽管有前款的规定，任何缔约国可以声明一项请求应受七十五年的时效限制，或者受到该国法律所规定的更长时效的限制。在另一缔约国境内对从作出上述声明的缔约国纪念地、考古遗址或者公共收藏品中移走的文物提出返还请求，也应受上述时效的限制。”

中国政府在签署该公约时声明：“由于我国是主要的文物出口国，被盗文物主要是特定纪念地或者考古遗址组成部分的文物，或者属于公共收藏的文物。为了利于我国请求返还被盗文物，采用75年的返还请求时效。”但同时这也意味着我国放弃了对1924年之前的被盗或非法出口行为的追索权[②]。也就是说，对于追回1860年被劫掠的文物的请求，该公约并无溯及力。

另外，法国并没有加入该公约，仅仅属于该公约的签署国，所以该公约对法国并不适用。

所以不论从哪个方面来看，“有悖有关国际公约”的说法，也仅仅成为一种宣告中国立场的宣言，没有办法真正依靠有关国际公约助力鼠首和兔首的回归。

---

① 吴映京：《从国际法视野看中国对海外流失文物的追索》，《玉溪师范学院学报》2008年第10期。

② 吴映京：《从国际法视野看中国对海外流失文物的追索》，《玉溪师范学院学报》2008年第10期。

直到今天，大多数国家法院都依旧将物之所在地法原则作为被盗艺术品所有权判定的法律选择规则①。所以，在不能适用有关国际公约的情况下，就要适用物之所在地，即法国的民法典、民事诉讼法典等对有关问题的规定。可是，法国的法律倾向认定鼠首和兔首的拍卖者属于善意取得人，其法律是保护善意取得人的权益的。

3. 有关“无直接请求权”的问题

在海外流失文物的归还问题中，还牵涉文物流入国与文物流出国的法律。这也为海外流失文物的追回制造了困难。

在本事件中，中方关于禁止鼠首、兔首拍卖的请求就在法国被以“无直接请求权”的理由驳回。

圆明园原本是清政府的财产，随着清政府的垮台，这份财产应由民国政府继承，随后又由中华人民共和国政府继承，这是国际法上政府继承中的财产继承②。但是“追索圆明园海外流失文物诉讼律师志愿团”在上诉时，却选择了“欧洲保护中华艺术协会”作为原告。

法国《新民事诉讼法典》用汉字数字对某项诉讼请求之胜诉或败诉有正当利益的人均享有诉权，但法律仅赋予经其认定的有资格提出或攻击某项诉讼请求或者有资格保护某种特定利益的人以诉讼权利的情形，不在此限③。这意味着，“欧洲保护中华艺术协会”只能代表其协会及其内部成员的利益来提起诉讼请求，既不能代表中国政府，也不能代表公众利益，这是“诉讼主体不适格”④，没有直接请求权，即关于追索海外流失文物，需要国家政府出面作为原告起诉，而我国政府历来都不愿意接受外国法院的管辖⑤。本次上诉也是从民间非政府组织的层面完成的。但如果中国想在未来以国际民事诉讼的方式来追回流失海外的本国文物，就必须有一个能代表国家政府的诉讼主体。例如，可以令国家文物局来代表国家参与诉讼。

国内立法、国际公约、利益双方国家的法律，以上各个方面现存的漏洞导致

---

① 郭玉军、靳婷：《被盗艺术品跨国所有权争议解决的若干问题研究》，《河北法学》2009年第4期。

② 王慧：《我国非法流失文物保护的法律适用——以圆明园兽首拍卖案为例》，《法制与经济（中旬刊）》2010年7月。

③ 罗洁珍译：《法国新民事诉讼法典》，北京法律出版社，2008年。

④ 中国拍卖编辑部：《圆明园兽首的坎坷回归路》，《中国拍卖》2013年第6期。

⑤ 杜涛：《境外诉讼追索海外流失文物的冲突法问题——伊朗政府诉巴拉卡特美术馆案及其启示》，《比较法研究》2009年第2期。

了最终鼠首、兔首的追索在法律上难以实现，鼠首、兔首的拍卖在法律上不能被禁止。解决文物回流问题，必须推动国际公约和国内、国际有关法律制度的完善。

三、事件总结

我国是文物资源大国，拥有丰富的文化遗产。我国也一直面临着严重的文物流失问题。圆明园十二兽首的流失并不是个例，实际上，联合国教科文组织的调查显示，流失海外的中国文物超过一千万件，而其中收藏在世界各国博物馆中的中国文物已多达164万件，并且涵盖了各个文物类别，更是不乏精品、绝品和孤品①。而在历史上，我国文物的流失主要分为四个阶段：1840年鸦片战争以来，在外国侵略战争中被各国列强劫掠大量文物；19世纪末20世纪初，由于政局动荡和缺乏相关法律保护②，其他国家的机构组织或个人以各种名义、手段掠走中国文物；第二次世界大战期间，日本从中国掠走大量文物，国内军阀、奸商勾结外国商人大肆倒卖中国文物③；改革开放以来，文物走私犯罪猖獗，大量文物流失海外。

针对这样的历史与现状，近年来，中国政府积极开展文物保护和追索工作④。

文物回流的途径主要有法律途径、外交途径、信息技术手段、捐赠和民间收购等（图4）。

法律途径第一是可以依照有关国际公约递交追索流失文物的申请，按程序追回文物。但依本文对此事件的分析可以看出，国际公约对文物流入国的约束力有限，一方面中国在19世纪就有大量文物流入西方国家，而目前的公约均无法溯及；另一方面如法国、英国、美国等主要的文物流入国几乎都没有加入有利于文物回流的公约，公约对他们不产生效力。此外，相关国际公约的制定受西方国家主导，公约内容偏向维护西方国家的利益。

法律途径第二是如果有确定的原告和充分的证据，可以直接到文物被发现地国家提起民事诉讼。但是这又涉及管辖权、法律适用、判决的承认与执行等问题⑤，其中又以文物流出国与文物流入国双方法律不适用的问题为法律程序上的

---

① 张然：《海外文物“摸底”十年首推成果》，《京华时报》2015年3月27日。

② 吴映京：《从国际法视野看中国对海外流失文物的追索》，《玉溪师范学院学报》2008年第10期。

③ 黄风、马曼：《从丹麦返还文物案谈境外追索文物的法律问题》，《法学》2008年第8期。

④ 张磊：《追索境外流失文物：问题与对策》，《吉林大学社会科学学报》2012年第6期。

⑤ 王慧：《我国非法流失文物保护的法律适用——以圆明园兽首拍卖案为例》，《法制与经济（中旬刊）》2010年7月。

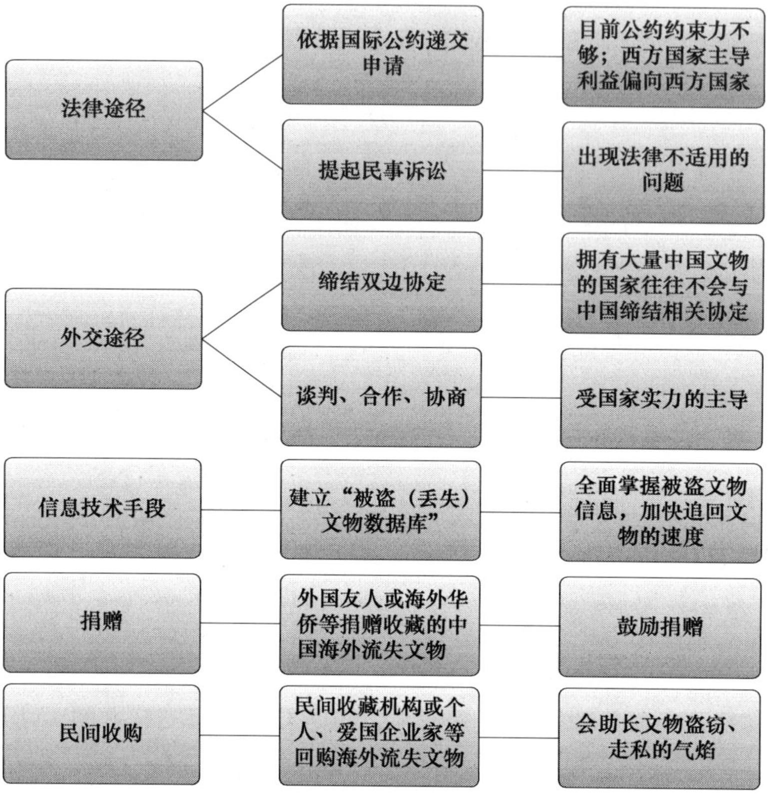

图4　文物回流的途径及其现状分析

最大阻碍。

外交途径包括缔结双边协定、进行谈判、协商、合作等。首先，往往愿意与中方缔结双边协定的国家很少是拥有大量中国文物的文物占有国，与西方国家缔结相关协定困难重重。

此外，与文物流入国的谈判、协商、合作的有利结果，依赖于中国的国家实力与国际地位，文物流入国只会在有利于其自身政治利益、经济利益的前提下才会与中方达成有关承诺。

目前的文物流出国仍是“单打独斗”的状态，而文物流入国已经形成联盟。例如，在前文中提到的，其在国际平台上联合发布的有利于流失文物继续保存在文物流入国的有关言论，这也为文物回流之路制造了不利舆论。

法律和外交手段是追索海外流失文物回归的主要途径。除此之外，信息技术手段是符合当今时代发展的新途径。2017年，中国被盗（丢失）文物信息平台上线，向民众和国际社会公布已知的被盗（丢失）的国有文物信息[①]，同时具有查询和线索举报等功能。这非常有利于有关部门全面掌握被盗、丢失文物的信息，同时推动全民关注，加快追回文物的进程，是文物回流的有力途径。

文物回流的其他途径还有捐赠和民间收购等。捐赠的发生比较被动，不论是出于民族情感还是相关组织与个人构建有利形象以推动相关利益的需求，实际上还是依赖于国力的强盛与否。民间收购实际上并不利于文物市场的良性循环，每一次收购都是对文物盗窃、走私的纵容，中国政府并不提倡通过民间收购推动文物回流。

依上文分析，鼠首与兔首的顺利回归其实最终还是依靠了中法关系进一步发展这一契机，同时也有赖于中国国家经济发展的良好背景。法律的完善道长且阻，基于我国国力不断壮大的大背景，外交途径成为解决文物回流的关键。这一案例为文物回流道路提供了相关借鉴。

综上所述，文物回流一直是国内外各界关注的焦点。一件流散文物的回归，总能引起国内、国际民众的广泛关注和热烈讨论。随着文物追索工作的经验愈加丰富及我国国家实力和国际地位的日益提高，越来越多的文物回归祖国，文物回流的道路已是初见曙光。目前，仍有千千万万的文物流失在海外，国际上也仍有不小的力量是站在文物回流原属国的对立面的。这条道路仍然漫长。

推动文物回流，每个人的参与与关注必不可少，但据本案例分析，最重要的还是对国家力量的有效运用。对外，我们一方面要加强与文物流入国的友好合作与协商，推动国际关系和平发展，与其他文物流出国建立联盟，共同对文物流入国施压，对抗文物流出国的利益联盟；另一方面要积极促成相关国际公约与法律制度的完善，参与国际立法，推动符合文物流出国利益的有关法律制度的确立。目前，由于中国的国际地位日益提高，经济发展愈加强盛，越来越多的国家愿意与中国建立良好关系，文物回流在外的阻力有所减小，中国在国际社会中的话语权逐渐提升。国家对内要完善相关法律法规，规范文物市场管理，宣传文物保护知识，加强保护文物安全的有关机制，从源头上遏制更多文物的流失。还要加强对流出文物的追踪和保护，依靠有关技术平台，开展流失文物的普查工作；健全相关法律制度，使文物回流有法可依。

---

① 张樵苏：《中国被盗（丢失）文物信息发布平台上线》，新华网（2017年11月16日）http://www.xinhuanet.com/politics/2017-11/16/c_1121966706.htm

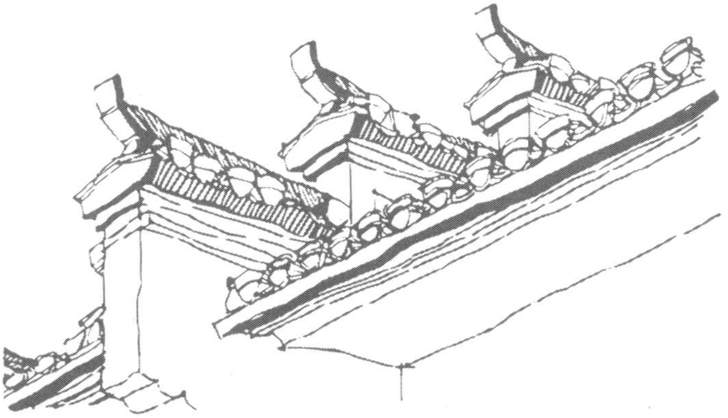

文物受水灾、火灾、地震破坏类

2020年汛期文物建筑受损情况分析

一、案例简介

2020年6月2日以来，我国多省市遭受大范围降雨，南方防汛形势严峻，多地文物安全受到汛期威胁。至6月9日，12个省区市，400毫米以上的降雨面积逾2.4万平方千米，148条河流发生超警洪水，多处不可移动文物受损。江西省和贵州省文旅机构相继针对本省文物汛情下发通知，指导区域内文物保护单位进行应急处置①。

2020年受暴雨影响的文物范围广、数量多、损失大，是近年来汛期文物受损最为严重的一年。截至2020年7月16日，据国家文物局不完全统计，我国11个省份有500余处不可移动文物不同程度受损，其中涉及全国重点文物保护单位76处、省级文物保护单位187处。受损文物中，以古桥梁被冲毁最为严重，以及古城墙和文物建筑房屋垮塌等②。

（一）安徽黄山屯溪镇海桥受损

镇海桥又称“老大桥”，明嘉靖十五年（1536年）始建，全长约131米，宽约7.5米，于2019年10月被列入第八批全国重点文物保护单位。镇海桥位于黄山市屯溪区屯溪老街西出口处，跨横江而建，连接黎阳老街与屯溪老街，是屯溪重要的建筑标志，也是安徽省不可多得的明代大型石拱桥之一，具有很高的历史、文化、科学价值③。其桥梁结构科学，设计精巧，是古代防洪技术在桥梁上的成功应用。镇海桥不仅是黄山屯溪老街历史文化街区的标志性建筑，更是老街居民

① 程晓刚、张玲、谭志红等：《应对洪涝灾害，文保人在行动》，《中国文化报》2020年6月12日。

② 杨璇铄：《11省份500余处不可移动文物因洪灾受损，文物防灾减灾需各方协力》，央广网（2020年7月18日）http://news.cnr.cn/dj/20200718/t20200718_525172738.shtml

③ 李卓：《南方11省份有130余处不可移动文物因洪灾受损》，中国经济网（2020年7月9日）http://www.ce.cn/culture/gd/202007/09/t20200709_35286078.shtml

情感的寄托，作为交通桥梁发挥实用价值，使历史的沧桑与现代居民的生活融为一体，加入了社区居民的生活情趣（图1）。

2020年6月以来，贵州省连日暴雨，水位线暴涨，致使屯溪镇海桥连日被雨水浸泡，且镇海桥位于三江口，落差大，洪水冲击力强，加之桥梁年代久远，文物情况脆弱。2020年7月7日上午10时，镇海桥遭水毁，桥面被大面积冲毁，数个桥墩垮塌，已无法通行（图2）。

图1　黄山屯溪镇海桥原貌

图2　被水冲毁后的黄山屯溪镇海桥[①]

（二）江西婺源清华彩虹桥受损

清华彩虹桥位于婺源县清华村上街，横跨浮溪，始建于南宋，距今已800余年的历史，被誉为“中国最美廊桥之一”。为长廊式人行桥，全长约105米，宽约5米，由两头引桥、四墩五间与六亭五廊构成。桥墩青石砌筑，呈半船形，构造精巧，有效分流，体现了古婺源人的防洪治水技术。2006年5月25日，被公布为第六批全国重点文物保护单位。该桥位于彩虹桥景区内，承担着交通和游览功能，作为周边居民休闲娱乐的场所，承载着地区文化记忆（图3）。

江西省连日暴雨，降水量激增，彩虹桥所在区域水位暴涨，2020年7月9日，清华彩虹桥桥面被冲毁，所幸桥墩因其“半船形”的科学构造免于水毁（图4）。后续抢救和维修方案正在进行中。

① 鲍玉婵：《安徽黄山国家级文物保护单位屯溪镇海桥被洪水冲毁》，央广网（2020年7月7日）http://www.cnr.cn/ah/news/20200707/t20200707_525158208.shtml

图3　江西婺源清华彩虹桥原貌①

图4　被冲毁后的江西婺源清华彩虹桥②

（三）四川阿坝红军长征遗迹达维会师桥水毁

达维会师桥位于四川省阿坝州小金县达维乡的夹金山麓，2006年被公布为第六批全国重点文物保护单位。在长征期间，红一方面军和红四方面军在此地胜利会师，我军在近处的喇嘛寺举行了会师庆祝大会，为红军战士赢得了宝贵的休整时间，达维会师成为红军长征的转折点之一，桥前竖立着达维会师纪念碑（图5）。达维会师桥因见证了红军长征会师成为纪念性的革命文物及爱国主义教育

图5　四川阿坝红军长征遗迹达维会师桥原貌③

① 徐颖：《婺源彩虹桥部分损毁，景区回应：桥墩在，桥就在》，澎湃新闻（2020年7月9日）https://www.thepaper.cn/newsDetail_forward_8190903

② 蒋子文：《江西婺源：全网寻找被洪水冲走的彩虹桥相关木构建线索》，澎湃新闻（2020年7月9日）https://www.thepaper.cn/newsDetail_forward_8194510

③ 谭希：《达维会师纪念碑》，四川文明网（2016年10月26日）http://www.scwmw.cn/yw/wh/201610/t20161026_809409.htm

基地，作为重走长征路的一环，推动了当地红色旅游的兴起，是红军长征精神的重要载体。

达维会师桥所在地山高水密，连日暴雨，加之会师桥本体为脆弱的木质结构，并无科学的防洪构造，对洪水的防御能力差。2020年6月27日，达维会师桥桥面全部被冲毁，只余部分桥墩。

（四）湖北襄阳古城墙局部垮塌

湖北襄阳古城墙位于湖北省襄阳市襄阳区，2001年被公布为第五批全国重点文物保护单位，是襄阳历史文化名城中最具价值的珍贵文物建筑。古城墙始建于汉代，经过数次修建，至今保留下来的多为明代建造，由于襄阳为历代军事重镇，故该城墙以其优越的防御功能而著名（图6）。城墙依山傍水，护城河极宽，城墙设置多处角楼、城门、马面及瓮城等防御设施，历史上多次以其科学的防御系统抵抗入侵，被誉为“华夏第一城池”。古城墙沟通城市内外水系，设有多处闸门以调节城市内涝问题，体现了古代防涝排洪技术，实现了和谐的城市水体循环[①]。

汛期以来，襄阳市遭受多日强降雨，受附近山体坡地影响降水增幅，雨水连日渗透墙体缝隙，2020年6月20日上午襄阳古城墙东段局部垮塌，长度十余米，后续修复已及时展开（图7）。

图6　襄阳古城墙原貌[②]

图7　襄阳古城墙局部垮塌[③]

---

① 孔维京：《襄阳古城墙 铸就华夏第一城池》，《百科知识》2018年第17期。

② 刘晓羽：《临汉门 守护襄阳百姓的古城墙》，襄阳市人民政府官网（2019年2月24日）http://www.xf.gov.cn/sq/xyyx/201903/t20190301_1584838.shtml

③ 徐一：《揪心！一场洪灾，让这些古迹陷入空前危机》，东方文化杂志（2020年7月23日）https://xw.qq.com/cmsid/20200723A05C5V00

二、案 例 分 析

（一）案例时间脉络梳理（图8）

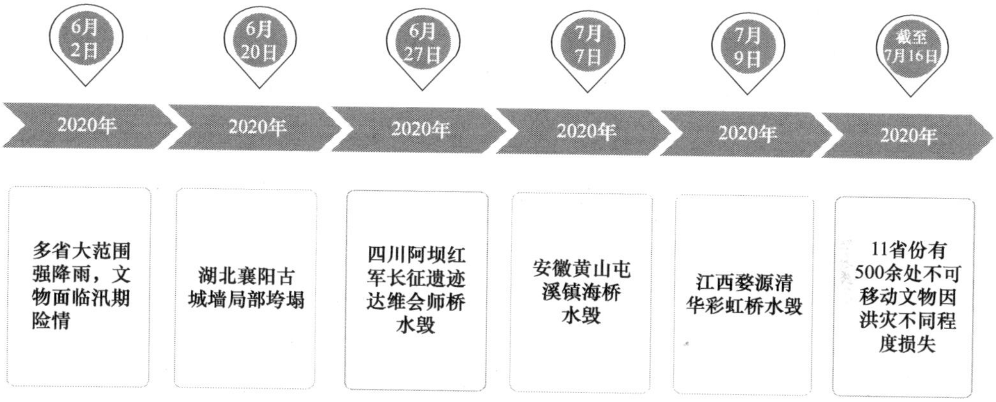

图8 汛期文物建筑受损情况时间线

（二）案例焦点梳理

此次汛期于2020年7月底趋平，超大范围的汛期文物受损情况，使社会各界对不可移动文物自然灾害风险评估与应急处置这一课题愈发关注。汛期文物受损是对国家文化财产和群众朴素情感的双重打击。本文将从不可移动文物灾害风险管理的各个环节，深入分析各文化遗产相关方在自然灾害下的全过程处置。

汛期文物受损辐射多个省、市地区，涉及范围大、领域广，要运用多元分析法综合考量。此次文物受灾严重的成因要从多个层面分析，可分为灾前、灾后、灾中三个阶段。灾前的风险评估不充分，包括文物本体年久失修、抗风险能力弱，且受强降雨影响，文物所受极端天气压力大，以及文物所处自然环境不利于文物保护。应急准备不足，缺少自然灾害下文物安全应急预案，防灾减灾能力弱。文物保护队伍人才薄弱、资金短缺，群众文物风险管理意识不足。防灾减灾技术水平低，未建成灾害监测预警系统。汛情发生时的应急处置能力不足，需要各级文物部门统筹协调，建立快速反应机制，针对区域内文物受灾情况快速展开文物救援工作。灾后的汛情文物损害评估不及时，要警惕次生性灾害发生，对受灾文物展开保护修复。总结此次文物受灾事件的经验教训，开展研修班、专项研发、体系建设以及文物防灾减灾课题研究。

贯穿文物灾害风险管理全过程的，是文化遗产的利益相关方在各个领域施加的合力，文物保护是综合顶层设计及协同合作的系统化工程，需要政府各部门、各级文旅系统的统筹协调，社会各界以及公众积极响应，并逐渐完善文物灾害防治的法律法规。综上所述，本文将从文化遗产的利益相关方、不可移动文物的自然灾害风险管理和汛期受损文物涉及的法律法规三个方面对2020年汛期文物建筑受损情况展开论述（图9）。

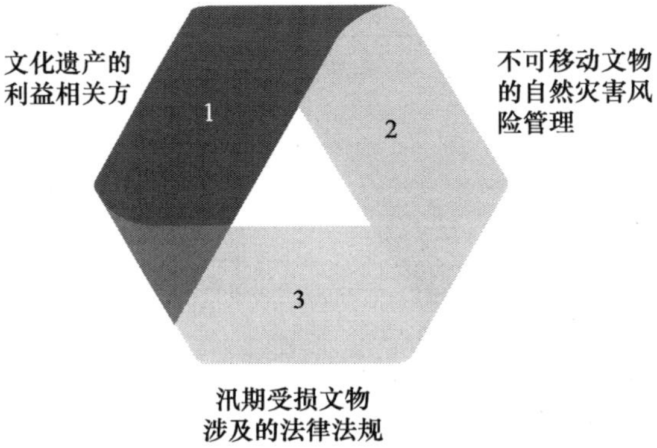

图9　汛期文物建筑焦点分析图示

三、案例涉及制度及管理深层次问题

（一）文化遗产的利益相关方

汛期受灾文物涉及的主体是多元化的，主要从纵、横两个方向论述。

1. 纵向分析

纵向主要涉及各级政府机关，国务院牵头进行顶层设计，将不可移动文物的风险管理与世界文化遗产申报、国土空间规划管理、第一次全国自然灾害综合风险普查、第三次全国文物普查、“十四五”规划的乡村振兴战略实施等工作相结合。其中，国务院办公厅印发的《关于开展第一次全国自然灾害综合风险普查的通知》（国办发〔2020〕12号）指出，“普查对象包括与自然灾害相关的自然和人文地理要素……”“普查涉及的自然灾害类型包括气象灾害和水旱灾害，普查内容包括综合减灾资源（能力）、重点隐患、主要灾害以及灾害综合风险评估与区划。”可融入不可移动文物的调查与评估，为集成处理提供数据。

国家文物局统筹协调各方，2017年印发《国家文物事业发展“十三五”规划》（文物政发〔2017〕4号）中提出“实现由注重抢救性保护向抢救性与预防性保护并重转变，由注重文物本体保护向文物本体与周边环境、文化生态的整体保护转变，确保文物安全”①。灾情发生时电话通知各地文旅部门紧急响应，国家文物局督察司于2020年7月22日发布《国家文物局关于加强汛期文物安全工作的紧急通知》（文物督函〔2020〕621号）。灾后指导各地文物部门开展文物修复，进行文物损害评估和研讨培训。

国家文物局直属单位国家文化遗产研究院主要负责“十三五”国家重点研发项目“不可移动文物自然灾害风险评估与应急处置研究”，对文物防灾减灾进行专业的学术研究和技术研发。文化遗产研究院下设中国世界文化遗产监测中心，建设国际化文化遗产数据集成处理平台，形成国家、省和遗产地三级互联的动态信息监测预警管理平台，形成全国不可移动文物监测大数据库②。省、市各级文物部门根据本地区文物受灾情况，下发应急处置办法指导区域内文物保护单位展开文物修缮工作。

2. 横向分析

横向展开涉及三方主体，即政府、社会各界和公众。政府发挥统筹作用，协调多方力量，对文物防灾减灾做出宏观指导。社会各界包括新闻媒体、社会团体及遗产相关管理承包公司。媒体对文物水灾的报道速度快、传播范围广、辐射人群多，往往是社会大众了解文物受灾情况的第一途径。自6月12日至7月底，央广网、新浪网、中新网等多家媒体连续跟踪报道文物水患新闻，辐射微信公众号、新闻手机客户端、新浪微博等多个平台，使公众了解汛期文物受灾情况的同时，宣传了文物风险管理知识，形成科学真实的舆论导向。社会团体包括社会组织和学术团体。社会组织包括基金会在文物受灾后提供公益性援助。而研究学者具有敏感的学术思维和深厚的研究基础，对文物水灾情况进行学术研究，为政府提供智力支持，是文物灾害风险管理队伍的专业人才。文物防灾减灾涉及多学科交叉研究，也需要不同领域的专业人才共同协作，数据共享，交流成果。文物受损后各地文物机构对文物修缮项目进行招标，由中标公司进行设计和建设。公众是文

① 刘弘涛、史斌：《关于开展不可移动文物自然灾害风险预防的建议》，《中国文物报》2020年7月7日。

② 乔云飞：《面对自然灾害的不可移动文物保护》，《中国文物报》2020年8月28日。

物防灾减灾的基础力量，本次汛期文物受灾事件反映了公众文物风险管理意识的不足，应培养社区居民对本地区文物保护单位的文化情感，促使群众自发保护本群体的文化记忆和情感寄托，实现文物的可持续活态保护（图10）。

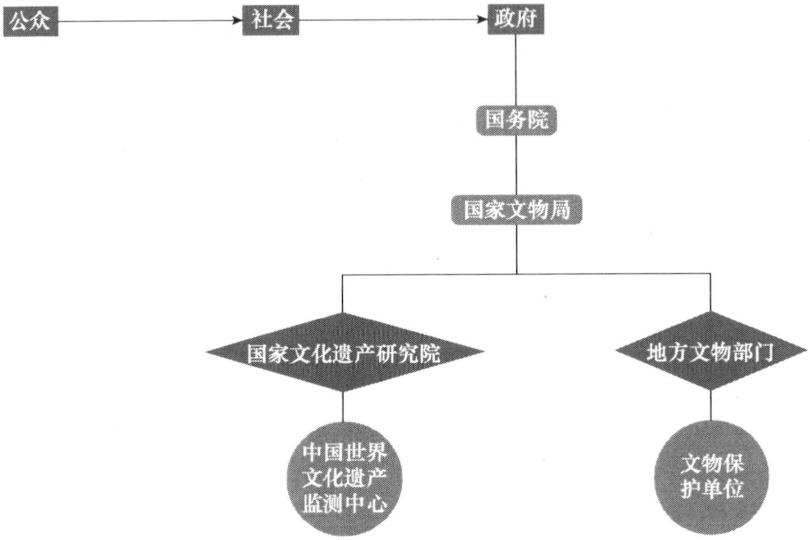

图10　汛期文物涉及的利益相关方图示

（二）不可移动文物自然灾害的风险管理

2020年汛期文物受损后，引发了学界对于文化遗产自然灾害风险管理的广泛关注。早在2010年世界教科文组织联合多家顾问机构出版了《世界遗产资源系列手册》，其中包括一部《世界遗产灾害风险管理》，为文物灾害防治提供了切实可行的方法论。书中将灾害风险管理分为三个主要阶段，灾前、灾中和灾后。灾前进行风险评估、监测，以及制订灾害风险管理计划；灾中一般指灾害发生的72小时内，紧急抢救文化遗产；灾后进行损害评估和遗产修复[①]。三者紧密联系，构成全过程化的风险管理体系。

① 联合国教科文组织世界遗产中心、国际文化财产保护与修复研究中心、国际古迹遗址理事会、国际自然保护联盟：《世界遗产灾害风险管理》，联合国教育、科学及文化组织，2010年，第12页。

1. 灾前风险评估与风险管理计划制订

自然灾害不为人力所转移，但在灾前进行致灾因子评估监测并进行防灾规划，能够减少灾害风险并降低灾害损失。近年来，国内机构在苏州虎丘塔、宁波保国寺、敦煌莫高窟、京杭运河等地陆续开展了监测预防保护工作，但在实际应用中广度不够、理论研究深度不够[①]。此次汛期受灾的文物基本没有进行灾前风险评估和日常监测，国内在文物灾害风险评估领域存在明显短板。

不可移动文物的预防性保护包括灾前风险评估和制订灾害风险管理计划两方面。灾前风险评估大体可分为两个部分，即对于致灾因子和文化遗产脆弱性的信息采集、评估与监测。汛期文物的主要致灾因子为强降雨引发的洪涝灾害，次级致灾因子为白蚁和植被灾害。对于致灾因子，要归纳其在持续性、普遍性、延迟性和危害性等方面的风险特征，利用遥感技术、地理信息技术将历史灾害数据与实地调查相结合[②]，建立不可移动文物的专题风险数据库（图11）。

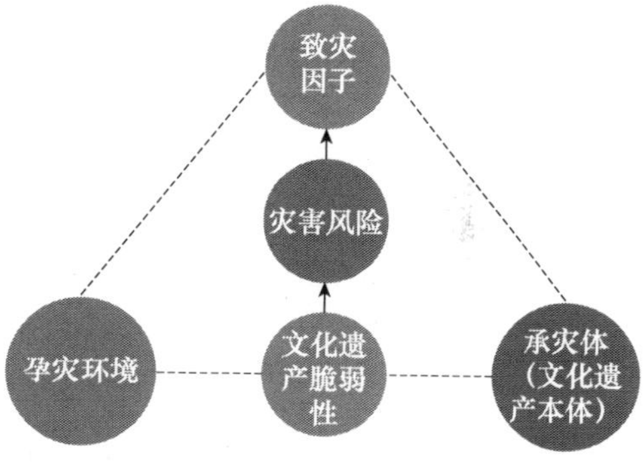

图11　致灾因子、脆弱性和灾害风险关系图示

文化遗产的脆弱性包括孕灾环境和承灾体（文化遗产本体）两部分。孕灾环境分为自然环境和社会环境。以本次汛期冲毁的安徽黄山屯溪镇海桥为例，镇海桥所在的屯溪区处于黄山市中部，地形以盆地、丘陵为主，南北山脉分布，海拔均在800米以上，故屯溪地区相对高差大，对降雨产生增幅，故汛期河水迅猛，桥体受冲击严重。丘陵地区由于河流下切和水流侵蚀，峡谷发育，山体破碎，故水系发达，河网密度大，黄山市流域面积约为9495平方千米，其中屯溪流域面积最大约为2670平方千米[③]。此外，屯溪处盆地，蓄水能力强，在强降雨天气下，水位暴涨，长时间浸泡冲刷桥体，极易发生洪涝灾害。

社会环境突出人为因素，可分为宏观和微观。宏观上，2008 年汶川地震后，中国文化遗产研究院开始了“文化遗产灾害风险评估及防灾体系建设”研究，搭建了“中国世界文化遗产监测预警总平台”，并在2020 年承担了

---

① 刘弘涛、史斌：《关于开展不可移动文物自然灾害风险预防的建议》，《中国文物报》2020年7月7日。

② 乔云飞：《面对自然灾害的不可移动文物保护》，《中国文物报》2020年8月28日。

③ 张善余、程其文、方炳烈：《黄山地区“96·7”暴雨洪水分析》，《水文》1999年第3期。

“十三五”国家重点研发项目“不可移动文物自然灾害风险评估与应急处置研究”。2019 年，科技部、国家文物局设立了“重大自然灾害监测预警与防范”重点研发专项（文化遗产保护利用专题任务）[①]。

微观上，可具体到地方文物部门和文保单位负责人员对不可移动文物的日常维护及定期检测，屯溪镇海桥作为国保单位进行了一定的预防性保护工程。2018年6月对镇海桥进行检测（检测评估等级为c级，即合格级，属可继续使用、需局部修缮），并启动维修加固前期工作。2019年3月，编制《镇海桥维修加固工程设计方案》[②]，虽然在行政上积极进行了桥体维护加固的预案，但实际上自2018年检测至水毁期间未实际开展加固工程。水毁后复旦大学学者王振忠撰文：“2018年早已预定对大桥的维修，如果我们能在随后的两个枯水期间加紧对移位桥基加固维修，是否能够避免大桥最后的坍塌？”[③]体现出地方文物部门和文保单位对于方案实施的滞后性，文物损毁应当追责。

承灾体可以理解为不可移动文物本体，承灾体的脆弱性与其本身的物理结构和组成材质特性有关，在灾前要进行文物的全要素信息采集。屯溪镇海桥为全石结构桥梁，石材强度高，结构科学，桥体坚固，底部凿有排水孔，顶面作弧，体现了古代防洪技术[④]。虽然局部有破损，但石桥整体状况合格，力学结构合理且具有一定防洪功能。

灾前制订灾害风险管理计划是一个系统化工程，可作为灾前、灾中和灾后全过程的行为提供指导，国内尚未成体系，仅有文物应急预案。

2. 灾中紧急处置

灾中紧急处置一般指72小时内对文化遗产进行应急抢救，此次汛期，国家文物局在灾情发生后第一时间电话指示各省文物部门，并在7月10日成文《国家文物局关于加强汛期文物安全工作的紧急通知》（以下简称《通知》），通知中传达四点指示：高度重视汛情，及时安排应急部署；认真排查安全隐患，增强应急能力；以防为主，全力防灾减灾；加强值守，妥善处置险情。并要求各级文物行

---

① 乔云飞：《面对自然灾害的不可移动文物保护》，《中国文物报》2020年8月28日。

② 《黄山市关于镇海桥水毁及保护修复情况的说明》，黄山市文化和旅游局（2020年7月13日）http://www.huangshan.gov.cn/zwgk/public/6615714/9520545.html

③ 王振忠：《风雨沧桑屯溪桥》，澎湃新闻（2020年7月12日）https://www.dushu.com/news/14907/

④ 吴永泉：《黄山屯溪镇海桥修复拟10月份开工2021年底完工》，安徽网（2020年9月16日）https://baijiahao.baidu.com/s?id=1677972186476330926

政部门及时上报辖区内文物受灾情况[1]。多地文物部门在《通知》指导下启动紧急预案，紧急抢救受损文物。以镇海桥为例，7月7日水毁后，市水利勘测设计院现场勘测、论证，7月8日下午，提出镇海桥两端受损护岸当期抢险避害及近期维护加固方案，防止发生次生灾害。7月10日，镇海桥维修报告已送往省文物局，市政府召开媒体通气会，通报水毁情况[2]。

3. 灾后文物损害评估与修复

灾后处置大体分为两个部分，文物的损害评估和修复。以屯溪镇海桥为例，在桥体水毁后，相关部门严密监控，加紧制订桥体建筑构件的打捞计划和桥体维修报告，待水位下降后对镇海桥损毁情况进行全面评估论证，之后展开打捞和维修。7月11日发布对镇海桥散落的桥梁构件、石料等原料开展打捞工作的公告。并于7月21日成交，由黄山徽建控股集团有限公司中标。8月12日，镇海桥构件打捞工作正式启动。9月7日，全面完成石构件打捞工作（图12）。

图12　镇海桥构件打捞现场[3]

---

① 《国家文物局关于加强汛期文物安全工作的紧急通知》，国家文物局官网（2020年7月20日）http://www.ncha.gov.cn/art/2020/7/22/art_2237_43927.html

② 《我市抓紧启动镇海桥修建前期准备工作》，黄山市政府官网（2020年7月11日）http://www.huangshan.gov.cn/zwgk/public/6615714/9520547.html

③ 祁俊、樊成柱、潘成：《镇海桥构件重出水面》，黄山日报（2020年8月13日）http://www.huangshannews.cn/hsnews/web/politics/news/content_13447.shtml

镇海桥的修缮工程于2020年8月6日获市发改委立项批复。2020年10月12日，国家文物局同意实施屯溪镇海桥修缮工程。屯溪镇海桥修复设计方案由安徽徽州文物工程勘察设计有限公司、中国铁建大桥工程集团有限公司设计，黄山市文化产业投资集团有限公司作为建设单位招标，预计于2020年10月动工，2021年12月全面完工。在灾后文物修缮时要格外谨慎，要遵守不改变文物原貌的原则，即保持文物的完整性和真实性，在设计镇海桥修缮方案时，学者对镇海桥桥史做了考证[①]，明确了文物的历史背景，保证了其完整性。结合2019年编制的《镇海桥维修加固工程设计方案》对材质、形制等的详细记录和光绪《募修屯溪石桥志》，保证了修缮工程的原工艺和原设计，且打捞出的石料约80%可用于重修，保障了原材料，原址保护，与老街传统风貌相协调。

（三）汛期受损文物涉及法律法规

1. 灾前预防性保护

2007年《中华人民共和国突发事件应对法》第十七条[②]规定各级地方政府制定突发事件应急预案，第二十五条[③]规定进行人员应急管理培训，第二十六条[④]规定建立综合应急救援队伍，第四十一条[⑤]规定完善突发事件监测制度。该法涵

---

① 于是：《镇海桥之桥史考证》，《安徽日报》2020年第10期。

② 《中华人民共和国突发事件应对法》第十七条："国家建立健全突发事件应急预案体系。

国务院制定国家突发事件总体应急预案，组织制定国家突发事件专项应急预案；国务院有关部门根据各自的职责和国务院相关应急预案，制定国家突发事件部门应急预案。

地方各级人民政府和县级以上地方各级人民政府有关部门根据有关法律、法规、规章、上级人民政府及其有关部门的应急预案以及本地区的实际情况，制定相应的突发事件应急预案。

应急预案制定机关应当根据实际需要和情势变化，适时修订应急预案。应急预案的制定、修订程序由国务院规定。"

③ 《中华人民共和国突发事件应对法》第二十五条："县级以上人民政府应当建立健全突发事件应急管理培训制度，对人民政府及其有关部门负有处置突发事件职责的工作人员定期进行培训。"

④ 《中华人民共和国突发事件应对法》第二十六条："县级以上人民政府应当整合应急资源，建立或者确定综合性应急救援队伍。人民政府有关部门可以根据实际需要设立专业应急救援队伍。"

⑤ 《中华人民共和国突发事件应对法》第四十一条："国家建立健全突发事件监测制度。

县级以上人民政府及其有关部门应当根据自然灾害、事故灾难和公共卫生事件的种类和特点，建立健全基础信息数据库，完善监测网络，划分监测区域，确定监测点，明确监测项目，提供必要的设备、设施，配备专职或者兼职人员，对可能发生的突发事件进行监测。"

盖突发事件的全过程，分为四个部分，即预防与应急准备、监测与预警、应急处置与救援和事后恢复与重建。

2015年《中国文物古迹保护准则》第二十条[①]规定了要进行日常养护的原则，第二十七条[②]规定了预防灾害侵袭的原则，并制定应急方案。

2017年《全国重点文物保护单位保护规划编制要求》第二十二条[③]要求制定文物洪灾的应急预案，第三十九条[④]要求保护规划中要有国保单位所在地的自然灾害基础资料以及专项评估报告。

2018年《关于加强文物保护利用改革的若干意见》中提出，支持文物保护由抢救性保护向抢救性与预防性保护并重、由注重文物本体保护向文物本体与周边环境整体保护并重转变。

2. 灾中紧急处置

2003年《国家文物局突发事件应急工作管理办法》中要求文保单位做好日常监测工作，开展文物应急知识培训，建立应急处理责任制。

2007年《突发事件应对法》第四十九条[⑤]规定自然灾害发生后要迅速划定警戒区，并避免次生灾害。

3. 灾后安置

2008年《汶川地震灾后恢复重建条例》第二十九条[⑥]规定地震灾后恢复重建

---

① 《中国文物古迹保护准则》第二十条："定期实施日常保养。日常保养是最基本和最重要的保护手段。要制定日常保养制度，定期监测，并及时排除不安全因素和轻微的损伤。"

② 《中国文物古迹保护准则》第二十七条："预防灾害侵袭。要充分估计各类灾害对文物古迹和游人可能造成的危害，制订应付突发灾害的周密抢救方案。对于公开开放的建筑和参观场所，应控制参观人数，保证疏散通畅，优先配置防灾设施。在文物古迹中，要严格禁止可能造成重大安全事故的活动。"

③ 《全国重点文物保护单位保护规划编制要求》第二十二条（一）制定保护措施："……直接涉及文物安全的防火、防洪、防震等急性灾变的保护措施应制定应急措施预案。"

④ 《全国重点文物保护单位保护规划编制要求》第三十九条（二）："全国重点文物保护单位所在地当前的社会、文化、经济、交通、人口、地理、气候、环境、水文、地质、自然灾害等基础资料；必要时，应由专业部门提供专项评估报告。"

⑤ 《中华人民共和国突发事件应对法》第四十九条："……（二）迅速控制危险源，标明危险区域，封锁危险场所，划定警戒区，实行交通管制以及其他控制措施……（十）采取防止发生次生、衍生事件的必要措施。"

⑥ 《汶川地震灾后恢复重建条例》第二十九条："地震灾后恢复重建规划应当包括地震灾害状况和区域分析，恢复重建原则和目标，恢复重建区域范围，恢复重建空间布局，（转下页）

规划应包括受损文物、遗迹及建筑物的保护修复。

四、案 例 总 结

目前，我国自然灾害文物风险管理存在短板，此次汛期文物受损为我们敲响了警钟。据第三次全国不可移动文物普查数据，我国已登记766722 处不可移动文物，不可移动文物因其特性与所处自然环境相伴相生，突发的自然灾害往往会对其造成不可逆的损毁。自然灾害有其不可控性，但绝不能被动等待，各文化遗产相关主体应解放思想、转变陈旧观念，国家文物局做好顶层设计，各级文物部门积极响应，建设文物防灾减灾体系。

对不可移动文物展开全过程化的灾害风险管理，以灾前的预防性保护为主，对致灾因子、孕灾环境和承灾体进行评估、监测，收集信息辅以文化遗产数据集成平台，建成三位一体信息数据库，制订灾害风险管理计划。灾中启动应急预案，紧急抢救文化遗产，尽可能保留遗产信息。灾后对文化遗产做损害评估和保护修复，尽快展开文化遗产的现场勘测与分析，以不改变文物原状为原则策划实施文物修复方案。文化遗产防洪排涝应坚持古今一体，顺应自然，在充分调查检测后利用不可移动文物本身作为水利设施，保留优化其传统排水功能，与现代的城市水利工程相结合，形成古今一体化水利系统。

文化遗产是民族文明的标识，为人民的精神家园提供深厚滋养，保护传承千年的文化遗产就是守护民族情感纽带和历史根基。将传统文化符号融入居民现代化生活，组成民众的精神家园和文化血脉，实现自发保护和动态保护，促进文化遗产的可持续性发展。

近日，国家文物局对已试行两年的《文物行政执法与安全监管情况公告制度工作方案（试行）》进行了修改完善，并正式印发了《文物安全与行政执法信息上报及公告办法》（文物督发〔2012〕1号）。

文物安全与行政执法信息上报及公告办法

第一条　为加强文物安全监管，推进文物行政执法，及时汇总和公

（接上页）恢复重建任务和政策措施，有科学价值的地震遗址、遗迹保护，受损文物和具有历史价值与少数民族特色的建筑物、构筑物的修复，实施步骤和阶段等主要内容。

地震灾后恢复重建规划应当重点对城镇和乡村的布局、住房建设、基础设施建设、公共服务设施建设、农业生产设施建设、工业生产设施建设、防灾减灾和生态环境以及自然资源和历史文化遗产保护、土地整理和复垦等做出安排。”

告全国文物安全与行政执法工作以及文物案件情况，依据《中华人民共和国文物保护法》等法律、法规和文件，制订本办法。

第二条　本办法所称文物案件包括文物安全案件和文物行政违法案件。

国家文物局按本办法规定对文物案件进行公告。

第三条　县级以上文物行政部门按本办法规定上报文物安全与行政执法工作情况和文物案件信息，确保报送信息及时准确。

第四条　文物、博物馆单位应当在知道文物案件发生后2小时内，向主管的文物行政部门报告已掌握的案件情况。

有下列情形之一的，县级以上文物行政部门应当在接到报告2小时内，向同级人民政府和上级文物行政部门报告。省级文物行政部门应当在接到报告2小时内通过电话或者传真形式报告国家文物局督察司，并在3日内正式行文报国家文物局：

（一）世界文化遗产地、全国重点文物保护单位和省级文物保护单位发生的文物案件；

（二）核定、公布为三级以上风险单位的博物馆、纪念馆等文物收藏单位发生的文物案件；

（三）尚未核定公布为三级以上风险单位的博物馆、纪念馆和其他文物收藏单位发生的一级文物丢失或者损毁案件；

（四）其他重大文物案件。

第五条　文物安全案件报告主要包括以下内容：

（一）涉案文物、博物馆单位名称、级别、保护机构和保护管理现状；

（二）发案时间、地点、经过，文物损失和人员伤亡情况；

（三）涉案可移动文物名称、数量、级别和受损情况；

（四）案件原因分析及处理结果；

（五）案发现场和文物受损等图片资料；

（六）其他情况。

第六条　文物行政违法案件报告主要包括以下内容：

（一）涉案文物、博物馆单位名称、级别、保护机构和保护管理现状；

（二）违法相对人名称、违法性质；

（三）违法行为发生的时间、地点和违法事实；

（四）违法行为对文物造成的损失；

（五）违法行为的调查处理情况；

（六）案发现场、文物受损等图片资料；

（七）其他情况。

第七条　省级文物行政部门每半年向国家文物局报送《文物安全与行政执法工作情况统计表》、《文物安全案件统计表》和《文物行政违法案件统计表》。上半年于当年6月15日前报送，下半年于当年12月15日前报送。

省级文物行政部门同时报送各项报表的书面和电子文本，电子文本通过国家文物局“文物安全与行政执法管理信息系统”报送。

第八条　国家文物局按以下形式实施公告：

（一）专项通报：不定期对重大文物案件处理情况进行通报。

（二）年中通报：每年6月30日前，通报上半年全国文物安全与行政执法工作情况。

（三）年度通报：每年12月31日前，通报本年度全国文物安全与行政执法工作情况。

第九条　国家文物局实施的专项通报、年中通报和年度通报印发各省级文物行政部门，印送全国文物安全工作部际联席会议各成员单位，并按有关规定进行信息公开。

第十条　对于下列行为，国家文物局进行通报批评，情节严重的，向当地人民政府通报或者提出行政处理建议：

（一）不按本办法规定的时限、内容、形式和要求，报送文物案件和各项统计报表的；

（二）对国家文物局通报的文物案件负有调查处理责任的文物行政部门或者文物、博物馆单位，不按通报要求认真调查处理，不按时限要求报送调查处理结果的。

（三）对国家文物局督察、督办的文物安全与行政执法工作事项，无正当理由不予落实或者不及时报告落实结果的。

第十一条　省级文物行政部门根据本办法，制定本省行政区域内的文物安全与行政执法信息上报与公告办法。

第十二条　本办法自印发之日起施行。

文物建筑失火事件分析

文物火灾的预防与灾后处理一直是文物安全问题的重点。近年来，文物火灾防范理念越发成熟，火灾防范措施也更加完善。在本文中，笔者将回顾“4·15巴黎圣母院火灾事故”“9·2巴西国家博物馆火灾事故”“2·17拉萨大昭寺火灾事故”以及四川省江油市窦圌山云岩寺东岳殿火灾事故，并以此作为切入点，结合故宫博物院的防火措施浅谈有关文物火灾预防与灾后处理的理念与措施：文物火灾预防应以人为本；为预防火灾，文物保护单位应权衡保护与开放的关系，并且建立全面的火灾防范“软硬”网络；文物火灾发生后，应及时进行灾后总结与处理。

一、案例简介

（一）“4·15巴黎圣母院火灾事故”

巴黎圣母院位于塞纳河畔、法国巴黎市中心，是天主教巴黎总教区的主教座堂，始建于1163年，历时180余年建成，在欧洲乃至世界都具有重要的地位，具有很高的历史价值。巴黎圣母院的建筑风格独特，是世界上第一座完全意义的哥特式教堂，因祭坛、回廊、门窗等处的雕刻和绘画艺术，以及堂内所藏的13～17世纪的大量艺术珍品而闻名于世。

2019年4月15日下午6时50分，巴黎圣母院大教堂屋顶起火，随后火势迅速蔓延，覆盖巴黎圣母院大部分屋顶，火灾持续十余小时，最终于2019年4月16日上午10时被全部扑灭（图1）。

此次大火无人员死亡，两名警察与一名消防员轻伤。巴黎圣母院馆藏珍宝在此次火灾中幸存，建筑主体结构尚存，但大部分屋顶被烧毁，屋顶尖塔倒塌。

图1　巴黎圣母院教堂尖顶起火

（图片来自环球网）

关于巴黎圣母院起火原因，一些法国媒体称，排除人为纵火的可能，火灾可能与其“翻新工程”有潜在联系，起火原因可能包括“电力系统故障”和

“未熄灭的烟头”等。但火灾起因仍然尚未确定，有关部门将进一步调查火灾起因，调查结果尚未公布。

（二）“9 · 2巴西国家博物馆火灾事故”

巴西国家博物馆位于巴西里约热内卢市昆拉达博阿维斯塔公园，是巴西最古老的博物馆之一，其历史可追溯至1818年，前身为葡萄牙王室的王宫，后成为巴西国家博物馆（图2、图3）。

图2　火灾前的巴西国家博物馆
（图片来自搜狐网）

图3　火灾后的巴西国家博物馆
（图片来自凤凰网）

2018年9月2日晚，巴西国家博物馆发生大火，直至3日晚火势才得到控制。此次火灾导致博物馆内两千多万件藏品被烧毁，仅有10%的藏品得以幸存。因起火时博物馆已经闭馆，馆内4名安保人员均及时逃出，并无人员伤亡。

经灾后调查，此次火灾的具体原因仍然不明，火灾可能与电路短路或手工制作的纸质热气球落在屋顶有关。此外，此次火灾可能也与博物馆长期资金不足、年久失修有密切关系。经报道，巴西国家博物馆长期存在资金短缺问题，且从未得到过政府足够的资金支持，基础设施也因此年久失修。

（三）“2 · 17拉萨大昭寺火灾事故”

大昭寺，又名“祖拉康”“觉康”（藏语意为佛殿），位于拉萨老城区中心，是一座藏传佛教寺院。大昭寺始建于7世纪吐蕃王朝鼎盛时期，为松赞干布所建，曾在元、明、清三朝被多次维修扩建，至今已有1300多年历史。大昭寺是西藏现存最壮观的吐蕃时期的建筑，也是西藏最早的土木结构建筑之一（图4）。

1961年，大昭寺被国务院公布为第一批全国重点文物保护单位。2000年联合

图4 西藏大昭寺[①]

国教科文组织将大昭寺作为布达拉宫的扩展项目列入《世界遗产名录》，成为世界文化遗产。

2018年2月17日18时40分左右，拉萨大昭寺供奉有释迦牟尼佛像的后殿二楼右侧通风室着火。火灾发生后，西藏迅速启动突发事件应急响应机制，调集力量迅速扑灭了大火。明火被扑灭之后，为防止通风室坍塌及复燃，消防人员保护性移除了2013年修复的后殿金顶，并在后殿内建立有关保护设施以确保殿内释迦牟尼佛像安全。

此次火灾无人员伤亡。经灾后专家清点，此次火灾过火点通风室为20世纪80年代后维修建筑，内部未存放任何文物，殿内释迦牟尼12岁等身像完好无损，主体建筑完好无坍，登记的6000余件文物无任何损失。

此次火灾后，拉萨当地有关部门采取紧急措施，对当地进行全覆盖拉网式安全生产大检查并对拉萨古城区及重点寺庙进行安全排查，确保各类文物绝对安全，消除安全隐患，依法依规严肃追究相关责任人的责任。

火灾原因经当地事故调查组分析已经初步排除人为因素，但此次火灾的具体原因，尚无进一步报道。

（四）四川省江油市窦圌山云岩寺东岳殿火灾事故

云岩寺位于四川省江油市窦圌山，始建于唐代，宋以后历代均有重修重建，

① 图片引用自：《那天，我爱上了旅行》，搜狐网（2017年8月29日）https://www.sohu.com/a/168141782_640593

明代经战火被毁，后于清雍正三年（1725年）重修，是四川省现存年代最早的木结构建筑，为全国重点文物保护单位。2008年四川汶川发生地震，云岩寺在地震中损毁严重，其中云岩寺东岳殿整体垮塌，后进行了灾后修缮重建。2018年1月6日19时，云岩寺东岳殿发生大火，大火持续近三小时，于当晚21时40分被扑灭。1月6日23时51分江油市商务和旅游局向媒体通报火灾情况，此次火灾无人员伤亡，有关本次火灾的原因尚且不明（图5、图6）。

图5　东岳殿原貌①

图6　火灾后的东岳殿②

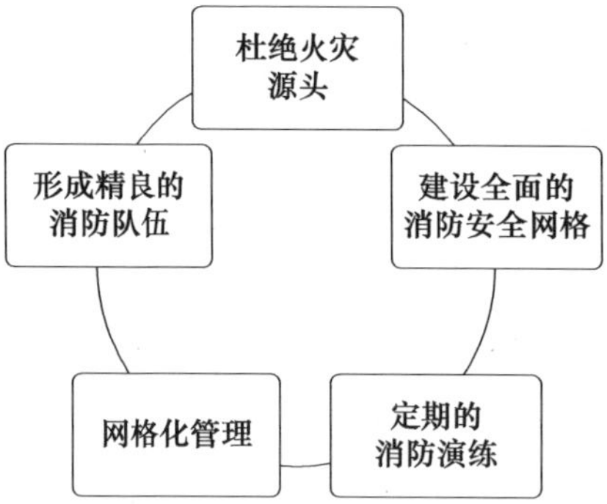

图7　故宫博物院防火措施示意图

（五）故宫博物院的防火措施

故宫博物院建立于我国明清两代皇宫——紫禁城的基础上，有着世界上规模最大、保存最完整的木结构宫殿建筑群。故宫博物院以其特殊的建筑材料和巨大的建筑密度在防火上面临着巨大的挑战。故宫人以其全天候、无缝隙、不间断的防控以及全面的防火措施成就了故宫49年无火灾的记录（图7）。

---

① 图片引用自：《江油市窦圌山东岳殿火灾情况通报！》，江油那些事官方账号（2019年1月8日）https://baijiahao.baidu.com/s?id=1622096627909357162&wfr=spider&for=pc

② 图片引用自：刘虎：《快讯丨江油窦圌山东岳殿起火 国家级文物“飞天藏”未受影响》，封面新闻（2019年1月7日）http://www.thecover.cn/news/1573672

1. 杜绝火灾源头

自2013年5月，故宫博物院实施全面禁烟令，严格控制故宫博物院内人员，禁止明火出现。故宫博物院厨房仅允许使用电热锅；故宫博物院元宵灯会等均只采用激光、LED灯，故宫日常工作或活动中均从源头上杜绝了明火的产生。

2. 建设全面的消防安全网络

故宫博物院内共设立了五千余个智能感烟点式探测器、一百余台吸气式火灾探测器、四千余个灭火器和上百座消防栓，此外还设计了几十种灭火预案，形成了一套完整的消防安全网络。数量庞大的灭火器、消防栓和详细的灭火预案提供了强大的火灾初期自灭能力，力求实现尽快、尽早扑灭火灾源头。

同时，故宫博物院内的吉祥缸对防火也有着重要的作用，吉祥缸单口可储水3000多升，且日常由故宫消防中队负责注水，缸内常年满水，能有效缓解“第一桶水”的燃眉之急（图8）。此外，因故宫内道路狭窄，正常的消防车无法进入，故宫还配备了特殊的电瓶巡视车和消防车（图9）。

图8 故宫内的吉祥缸[①]

图9 故宫特殊配备的电瓶巡视车与故宫消防中队[②]

3. 形成精良的消防队伍

故宫有一支专门的消防中队，这支队伍是1970年由周恩来总理批示，从府右

① 图片引用自：《“天干物燥，小心火烛”，来看古人的防火智慧》，中央纪委国家监委网站（2019年11月9日）https://www.sohu.com/a/352654385_120024222

② 图片引用自：搜狐网，卫辉市消防大队：《“故宫”上了热搜，因为他们！》，（2019年4月18日）https://www.sohu.com/a/308683662_120025920

街抽调一支消防排成立的。故宫消防中队的每一名战士对故宫内各处建筑的位置都烂熟于心，一旦发生火情，消防中队的战士仅2～3分钟就能到达火情现场。并且故宫博物院内的每一名工作人员在关键时刻都能变为消防员，一旦发生火情，立刻有人在火灾现场进行灭火处理。

4. 网格化管理

故宫博物院将整个院区分割成为8个区块，每一个区块均有具体的安保负责人负责。安保负责人每天要对自己的区域进行消防安全检查，对可能存在火灾安全隐患的施工工地、库房等地进行重点巡查，并且能对故宫宫殿顶的杂草、落叶等进行及时清理，进而从根源上防止易燃物的出现。

5. 定期的消防演练

故宫博物院消防处每年会举行1或2次消防演练，每隔四年会组织一次消防运动会，运动会的项目均与故宫发生火灾进行灭火抢救工作有关，如比赛搬重物，模拟的就是火灾抢救藏品与文物。

二、案 例 分 析

文物防火一直是世界范围文物安全问题的重中之重，对木结构建筑来讲防火更是重要。我国现有文物中，木结构文物在全部文物总数中占有一定的比重。前文提到的拉萨大昭寺、云岩寺东岳殿在着火点处均有木质材料的使用，国外建筑同样存在建筑材料易燃的问题，又因为我国古代建筑理念的影响，文物建筑多分列排布比较密集，更进一步加大了文物防火的难度。正是因为文物建筑的这种特点，要想有效预防火灾，就要确保有日常火灾预防措施和高效的文物环境监控与管理措施。

上述文物火灾案例都造成了人类文化遗产的巨大损失，而我国故宫博物院作为世界上现存面积最大、保存最完整的木结构宫殿建筑群，创造了连续几十年无火灾的纪录。笔者将以“2·17拉萨大昭寺火灾事故”“4·15巴黎圣母院火灾事故”、四川省江油窦圌山云岩寺东岳殿火灾事故、“9·2巴西国家博物馆火灾事故”作为切入点，并结合故宫博物院的防火措施尝试提出文物火灾预防与灾后处理的理念与措施：文物建筑火灾预防应以人为本；为预防火灾，文物保护单位应权衡保护与开放的关系，并且建立全面的火灾防范“软硬”网络；文物建筑发生火灾后，应及时进行灾后总结与处理。

三、问题分析

（一）文物建筑火灾预防应树立“以人为本”的防范理念

“以人为本”，即在文物火灾的预防中，应该将人防作为火灾预防的重点。在当今社会，随着技术的进步，各式各样的火灾感应器、火灾报警系统层出不穷，很多文物单位、博物馆都按照国家颁布的有关规定安装了对应的火灾报警器和自动灭火系统，但实际上，类似的火灾报警系统的可靠性和稳定性却有待商榷。在“4·15巴黎圣母院火灾事故”中，巴黎圣母院的火灾报警系统在发生火情的第一时间进行了报警，但有关安保人员进行查看之后却并未发现火情，有关人士透露在第一次警报响起时，电脑定位给出了错误的火情位置。在第一次报警结束后23分钟，第二次火灾报警声响起，两名安全员在巴黎圣母院天花板处发现火情，此时火焰已经发展至两米多高。从已有的新闻报道来看，两次报警声之间并无其他报警异常显示。巴黎圣母院的烟火报警系统，首先报告了错误的火情发生点，然后经过23分钟才进行第二次报警，此时真实着火点火灾已进一步蔓延。在发生火情的第一时间准确发现着火点对于控制火情发展至关重要，如果巴黎圣母院的安保人员能及时准确发现着火点，巴黎圣母院的此次火灾将不会酿成如此严重的后果。

现在已有的火灾报警系统尚且不能做到百分之百确定着火点并进行控制，而文物却是无价的，是不可再生的，所以即使风险较小，也不能拿文物的安全冒险。

反观故宫博物院，整个故宫被划分为八个区块，每个区块都有专人负责。故宫消防中队能做到在占地面积70多万平方米的古代宫殿集群中，仅用2～3分钟内就到达着火点。并且，每个故宫的工作人员都能在发生火情时化身为消防员，利用故宫内数量庞大的消防器材在第一时间控制火情，真正将文物火灾预防落到实处。所以，故宫几十年无火灾的记录与故宫以人为本的人防理念有着密切的联系。

（二）文物火灾预防应妥善权衡文物博物馆保护与开放的关系

随着我国经济社会的发展，文物博物馆事业日益得到国家的重视，在财政支持上，国家在文物博物馆事业的投入也越来越多。但不可否认的是，当前财政向各处文物博物馆单位投入的资金对部分地区来说仍然是入不敷出的。地方财政资金不足导致不能完全满足文物博物馆事业需求的情况比比皆是。

“9·2巴西国家博物馆火灾事故”发生的一个主要的原因就是巴西政府的不作为，在巴西国家博物馆发生火灾之前，巴西国家博物馆长期存在着资金短缺问题。巴西国家博物馆馆舍年久失修且存在严重的基础设施建设问题，巴西国家博物馆作为一处国家级博物馆，得到的政府资金一直不能满足博物馆的经营。据了解，巴西国家博物馆曾进行过网络募捐等自救项目，虽然募集到了一定的资金，但对博物馆的修缮建设来说远远不够。在这种财政无法支持、博物馆自救无果的情况下，笔者认为将博物馆暂时关闭是最大限度保护博物馆藏品的方案之一。巴西国家博物馆收藏了数量巨大的历史文物，记录着拉丁美洲的重要历史，其历史价值不可估量。在一种近乎停摆的情况下，巴西国家博物馆应当以保护历史文化藏品为重，妥善权衡博物馆开放与藏品保护的关系，以暂停开放博物馆作为保护藏品的最后做法。

博物馆收藏的文物价值巨大且不可再生，虽然以闭馆替代保护是一种相当消极的做法，但是至少降低了发生火灾的可能性，并且在恰当的时候博物馆终会再次开放。

巴西国家博物馆的火灾是人类历史共同的悲剧，但也为我国文物博物馆事业敲响了警钟。我国有着相当数量的博物馆处于入不敷出的冷清状态。为了政绩，建设博物馆后，地方财政无法继续支持博物馆的进一步日常开销，使博物馆处于停摆的状态。笔者认为，对于这些博物馆来说，在适当的情况下暂停向公众开放，等待地方政府财政能够支持博物馆最基本的开销时，再开放，不失为一种避免巴西国家博物馆式悲剧的底线做法。

（三）文物火灾预防应建立全面的火灾防范“软硬”网络

所谓火灾防范的“软硬”网络，“硬”网络指的是以灭火器、消防栓、消防车为基础的物质条件，即硬实力；“软”网络指的是基于“硬”网络形成的文物火灾防范理念、预案、措施。

以故宫博物院为例，故宫博物院内共设立了五千余个智能感烟点式探测器、一百余台吸气式火灾探测器、四千余个灭火器、上百座消防栓，这些探测器、灭火器、消防栓分布在故宫博物院的各个角落，点连成线、线连成面，在故宫博物院整体院内形成了覆盖全院的火灾预防“硬”网络。另一方面故宫博物院常年秉持防患于未然的理念，不仅配备了众多的灭火器等消防器械，更结合故宫原有的吉祥缸，形成一种将古今防火理念贯通的“故宫式模式”。在博物院内，常年进行防火演练并定时举办模拟火灾式的消防运动会，且基于火灾预防“硬”网络形成了几十种火灾预案，工作人员面对火灾隐患做了充分的准备。最终，形成了这样了一个“软”实力指导“硬”实力，“硬”实力实现“软”实力的火灾预防网络，在火灾预防上“硬”实力和“软”实力紧密结合的火灾预防理念。

（四）文物火灾发生后应及时进行灾后总结与处理

预防文物火灾可以说已经成为当前文物工作者的共识。我国文物资源数量庞大，截至2018年，已统计出的不可移动文物数量就高达76.7万处。考虑到数量如此庞大的文物，将文物火灾事件杜绝几乎是一件不可能的事。在发现火情时第一时间进行灭火救援是最要紧的，火灾之后进行损失情况总结、火灾原因分析等灾后复盘工作同样有着重要意义。根据我国《文物安全与行政执法信息上报及公告办法》：

> 第四条　文物、博物馆单位应当在知道文物案件发生后2小时内，向主管的文物行政部门报告已掌握的案件情况。
>
> 有下列情形之一的，县级以上文物行政部门应当在接到报告2小时内，向同级人民政府和上级文物行政部门报告。省级文物行政部门应当在接到报告2小时内通过电话或者传真形式报告国家文物局督察司，并在3日内正式行文报国家文物局：
>
> （一）世界文化遗产地、全国重点文物保护单位和省级文物保护单位发生的文物案件；
>
> （二）核定、公布为三级以上风险单位的博物馆、纪念馆等文物收藏单位发生的文物案件；
>
> （三）尚未核定公布为三级以上风险单位的博物馆、纪念馆和其他文物收藏单位发生的一级文物丢失或者损毁案件；
>
> （四）其他重大文物案件。
>
> 第五条　文物安全案件报告主要包括以下内容：
>
> （一）涉案文物、博物馆单位名称、级别、保护机构和保护管理现状；
>
> （二）发案时间、地点、经过，文物损失和人员伤亡情况；
>
> （三）涉案可移动文物名称、数量、级别和受损情况；
>
> （四）案件原因分析及处理结果；
>
> （五）案发现场和文物受损等图片资料；
>
> （六）其他情况。

我国各个文物安全部门有责任和义务在文物安全事故发生之后对文物突发安全事件进行涉案文物名称、数量、级别、人员伤亡情况、案件原因及处理结果等内容进行灾后分析并报送有关部门。

在“2·17拉萨大昭寺火灾事故”和四川省江油市窦圌山云岩寺东岳殿火灾事故中，经报道当地有关部门均对文物火灾灾情进行了及时的处理，并几乎在第一时间通知了媒体，这一点是符合《文物安全与行政执法信息上报及公告办法》的要求的，并值得肯定。但对于两次火灾事故的具体火灾原因，在网络及媒体报道上却未给出具体的原因及说明。在“2·17拉萨大昭寺火灾事故”中，火灾原因仅排除了人为因素，具体原因未进行进一步报道；在四川省江油市窦圌山云岩寺东岳殿火灾事故中，有关火灾原因的报道仅有“起火原因正在调查中”的字样，媒体与网络上未见进一步报道。

笔者认为，摸清文物起火原因对于文物火灾的预防有重要的参考价值，对于当地文物部门来说，明确的文物火灾原因能给文物重建之后的火灾预防提供一个明确的火灾预防重点，这对于防止文物火灾的二次发生有着重要的意义。大昭寺与云岩寺均是我国重点文物保护单位，大昭寺更是在2000年入选《世界文化遗产名录》，成为世界文化遗产，对于如此重要的两处不可移动文物来说，火灾的灾后原因分析尚且如此，其他文物火灾情况的原因分析可能更差。对于“2·17拉萨大昭寺火灾事故”和四川省江油市窦圌山云岩寺东岳殿火灾事故的具体原因尚未有进一步明确的分析与通报，这在笔者看来是有所缺失的。

总之，文物火灾发生后应及时进行灾后总结与处理是另一个需要关注的问题。

四、总　结

在上文中，笔者仅针对文物建筑失火案件的部分问题进行了简单的分析，并尝试提出理念与方法。限于笔者能力有限，文物建筑失火事件的一些其他问题如预防建筑电路引发失火的具体措施、良好的文物建筑防火预案具体措施如何安排等尚未提及。火灾隐患对文物建筑本体威胁巨大，文物工作者应本着“底线思维”，从根源上杜绝火灾隐患，进而保证文物的安全。

五、相关依据

《文物安全与行政执法信息上报及公告办法》

六、参考新闻

①《巴西国家博物馆大火后续：仅10%藏品得以幸存》，央视新闻（2018年9月4日）http://m.news.cctv.com/2018/09/04/ARTIVrR5sdqmrcbeQPdPZUmB180904.shtml。

②《江油市窦圌山东岳殿火灾情况通报》，江油电视台（2019年1月7日）https://mp.weixin.qq.com/s?src=11&timestamp=1618131478&ver=3001&signature=UKusayYuvpqth1FsW1DFE4boNsLGZR-qnoXgAKXchkColnA3PmcO6uD2wc1cOVzkIAK5JvCBFug37Awf1dWkzoiNR8cy02oOlscaZfcfmW1FRsJqSRwVoX2ZX0fiVhlX&new=1。

③《可惜！江油窦圌山东岳殿被烧成这样了，火灾情况通报！》，绵阳全搜索（2019年1月9日）https://mp.weixin.qq.com/s?src=11&timestamp=1618131403&ver=3001&signature=fdU6cVQ6efDH0LOsnoZzn8EwMmS*czi1FMPNLSWV6bJoIAKjYKfLjhqhuSEjAvWY5VPfTLLJlXKOt8op7xmKBX3ZcKmE1PEaR6t*sB4XYYhr6h90hYxx-8d5x-fcNdyi&new=1。

④《国家文物局发布近期文物火灾事故情况通报》，国家文物局（2019年4月16日）http://www.ncha.gov.cn/art/2019/4/16/art_722_154613.html。

⑤《巴黎圣母院被大火烧成炼狱！》，环球网（2019年4月16日）https://baijiahao.baidu.com/s?id=1630924501703117709&wfr=spider&for=pc。

⑥《“故宫”上了热搜，因为他们！》，搜狐网，卫辉市消防大队（2019年4月18日）https://www.sohu.com/a/308683662_120025920。

四川都江堰二王庙震后修复案例分析

一、案例简介

（一）汶川地震

汶川地震发生于北京时间2008年5月12日，震源为四川省阿坝藏族羌族自治州汶川县映秀镇，震级8.0，受灾省份包括四川、陕西、宁夏、甘肃等地，其中重灾区以四川为最。据统计，国家文物局共收到四川、甘肃、陕西、重庆、云南、山西、湖北7省（左辖市）文物行政部门关于文物受损情况的报告，共有169处全国重点文物保护单位，包括世界文化遗产青城山和都江堰，250处省级文物保护单位受到不同程度损害，包括292件珍贵文物在内的近三千件馆藏文物受损[①]。

（二）二王庙

二王庙古建筑群位于四川省都江堰市玉垒山麓，是世界文化遗产都江堰的重要组成部分。该古建筑群始建于南北朝时期，历史上经历过多次烧毁重建。如今保存的古建筑群是民国十四年（1925年）在火灾中受损后，是由当时的住持募资重建的。该庙最初为祭祀蜀王杜宇的“望帝祠”，南朝建武年间改为祭祀李冰父子，同时祭祀道教诸神。此外，庙内还记载着《都江堰灌溉区域图》、治水《三字经》等展现中华民族农业文化成果的重要历史资料。因此，二王庙不仅是一座道教庙宇，更是记录着长久以来中华先民的治水理念和治水伟人的历史实证，除了具有展示川西地区建筑风格的建筑本体外，还包含着大量展示都江堰治水文化和道教元素的碑刻题记等附属文物。除了建筑群本身展现的历史文化价值，二王庙古建筑群更是都江堰这一世界文化景观的一部分，是都江堰治水文化的重要物质展示载体。

---

① 吴歆：《汶川地震使169处全国重点文物受到不同程度损害》，中国新闻网（2008年7月25日）https://www.chinanews.com/gn/news/2008/07-25/1324910.shtml

（三）受灾情况

受地震影响，位于汶川地震极重灾区的都江堰市山体上的二王庙古建筑群受灾严重，几乎全部垮塌。二王庙除了受地震影响倒塌外，还因地震导致的一侧山体滑坡，使得二王庙的建筑地基受到损毁，这也间接加重了地表建筑的倒塌现象。多种因素作用下，二王庙的总受灾建筑面积达到11000多平方米，其中严重损毁面积4000多平方米，部分损毁面积7000多平方米。其中大部分主殿由于建筑在石砌高台上，因此受损相对较轻，多为裂缝和护坡的局部鼓闪①，侧翼建筑则受损相对严重，多为局部垮塌甚至大部分损毁，而更多以空心台地为建筑基础的新建筑大部分出现了崩裂甚至全部垮塌的情况②。除建筑主体外，牌匾、楹联、雕塑、碑刻等附属文物也遭受了不同程度的损毁。各个建筑单体中，完全倒塌的建筑包括戏楼及东西配楼、东西字库、东客房等；局部塌毁或整体结构处于危险状态的建筑有老君殿、疏江亭及后山新建山门区域的建筑；主体结构出现明显残损的建筑，包括祖堂、文物陈列馆、二王庙陈列馆、上西山门、灵宫殿等；主体结构保存基本完好，但附属结构或部件残损较为严重的建筑，包括乐楼、大照壁、秦堰楼、李冰纪念馆等③。

后续又陆续发生的几次小型余震也不断冲击着已经损毁严重的二王庙古建筑群。除此之外，由于二王庙建筑群面积大，受灾情况严重，难以一时之间清理完，这就使得震后连续几天的雷雨天气对震后建筑遗存造成了更为严重的影响。木构建筑对防水要求极高，虽然在震后开始清理工作时搭建了临时防雨棚，但空气中过高的湿度仍然加重了木材的受潮情况，使得建筑构件、地基、附属文物的受潮变形情况大大加重。此外，南方多白蚁，震后大量建筑遗存难以及时清理保存，更加加重了虫害情况。不仅上述自然生物因素对残存的二王庙建筑造成二次损害，震后人员流动性大，区域内人员构成复杂，文物管理保护人员人手不足，文物保护的相关监控设施受到损毁，容易滋生针对残存文物的盗窃行为。

二、案例分析

在灾害发生后，5月下旬“灾后文物重建1号工程”——二王庙维修保护工程启动，由国家文物局牵头组织国内专家对二王庙进行调研，后由清华城市规划设

① 吕舟编：《都江堰二王庙震后抢险保护勘察报告》，文物出版社，2010年，第48页。

② 吕舟编：《都江堰二王庙震后抢险保护勘察报告》，文物出版社，2010年，第45页。

③ 周莹：《灾后文物重建问题研究——以都江堰二王庙文物保护工作为例》，西南交通大学硕士学位论文，2011年。

计研究院和清华大学建筑设计研究院文化遗产保护研究所承担震后的工程勘察设计任务，施工由福建泉州刺桐古建筑公司负责，监理由河北木石古代建筑设计公司负责；地质勘察由辽宁有色勘察研究院负责。在这一过程中，国家文物局应用了“同步勘察设计、同步监理、同步施工”的应急创新方式，另外考虑到国内游客的参观需求，也出于灾后利用旅游业拉动四川省经济复苏的目的，采用了二王庙景区各部分随修缮完成随开放参观的方式。

考虑到二王庙作为中国传统木构建筑，建筑整体脆弱，受环境影响大这一特性，整个勘察施工过程必须尽快开展，因此，也要求整体修复工程与保护工作同步进行。为了保证文化遗产的真实性、完整性原则不受影响，文物的整体修复要求必须在符合文物原状的基础上进行，还要求使用的建筑材料尽可能符合建筑受灾前使用的建筑材料。在二王庙的修缮过程中，二王庙原本的建筑报告发挥了重要的作用，虽然受地震影响，资料难以及时获取，但二王庙自身的总建筑图纸和各个建筑的测绘图稿保存完好，并作为第一批提供给修复单位的资料，为二王庙的震后勘察设计做出了重要贡献。二王庙的勘察设计工作被有意识地划分成了两个阶段：灾后紧急响应阶段和灾后恢复阶段。二者侧重点不同，灾后紧急响应阶段侧重获取震后第一手信息，尽可能多地对二王庙的受灾情况进行初步评估和震后修复大方向的制定；而灾后修复阶段则侧重翔实地获取二王庙各个建筑、建筑附属构件和玉垒山整体地质角度的受灾情况资料。除此之外，还重点考察了地面、墙体、原始建筑在建筑技巧上的特点，力求完整地复原二王庙。

整个勘察设计过程除了针对原址重建提供建设信息外，更重要的是对经历过多次灾害的二王庙进行了危害因素的评估并给出了相应的解决措施，从地质角度对整体建筑所在地进行了地质加固和建筑防震处理。在勘察设计中完成了对二王庙的一次完整勘察，并完成了完整的书面报告，利用了全站仪、三维激光扫描、摄影测量技术等测绘手段。除了勘察整体建筑，还勘察了建筑中的各个建筑构件位置，获取了整体与局部细节的完整测绘数据，以便在后续对建筑进行保养维护工作时能够及时确定建筑整体和建筑构件是否发生位移或变形等情况，这为二王庙的保护积累了重要的一手数据资料。

在整体建筑震后重建的过程中，坚持“原形制、原结构、原材料、原工艺技术”的原则。在重建过程中依然以建筑未受地震影响的建筑材料为修复材料，对已经损毁的区域也按“修旧如旧”和“最小干预原则”的基本理念进行修复整合。在震后除了保证二王庙古建筑群整体参观不受影响外，还注重在后续修复重建过程中展示建筑本身受地震影响造成的痕迹。

汶川地震是目前中国地震自然灾害评级中级别最高、造成影响最为广泛的地震灾害之一。二王庙则是汶川地震中受灾害影响最为严重的不可移动文物之一，而震后它的修复保护工作成果卓越，是世界范围内震后不可移动文物修复的绝佳范例之一。其修复保护成果荣获国家文物局颁发的“优秀文物保护工程特别奖”“联合国教科文组织亚太地区文化遗产保护奖”等奖项。

三、文物保护法现行要求

当前我国《中华人民共和国文物保护法》（以下简称《文物保护法》）以及《中华人民共和国文物保护法实施条例》（以下简称《文物保护法实施条例》）中对涉及地震等非人为干预的灾害因素的明确法条较少，更多的是强调文物所有权划归、人为因素，如盗窃、城市建设等方面对文物的影响。

参考地震频发的日本制定的《文化财保护法》，在第三章之有形文化财中规定了重要文化财的指定、管理、保护、公开、调查及登录有形文化财、重要文化财和登录有形文化财以外的有形文化财①。此外，日本文化厅也出台了详细的关于日本文化遗产的加固措施。日本在文化遗产的保护上更加强调日常养护，因此对文化遗产要求进行完整的日常保养记录和数据整合，随日常维护进行抗震加固措施。在日常维护过程中加入抗震诊断这一流程，对文物，尤其是建筑类文物的抗震能力进行测试，然后根据评估结果进行文物的抗震加固措施。日本成立了两所国立文化财保存研究所，二者虽重点研究对象有所不同，但其研究成果却大大推动了日本文化遗产的保护利用和展示进程。

中国在经历汶川地震后出台的《中华人民共和国防震减灾法》（以下简称《防震减灾法》）的第六章地震灾后过渡性安置和恢复重建中，第六十七条要求根据本地区地震情况和所在地区自身的环境承载能力进行震后重建安排，其中强调了对“历史文化遗产”的震后清理重建情况做出安排②。第六十九条则提出了震后相关政府单位组织专家进行受灾情况评估和保护清理方案的制定“明确典型地震遗址、遗迹和文物保护单位以及具有历史价值与民族特色的建筑物、构筑物的保护范围和措施”③。

---

① 胡秀梅：《日本〈文化财保护法〉与我国相关法律法规比较研究》，浙江大学硕士学位论文，2005年。

② 《中华人民共和国防震减灾法》第六十七条：“地震灾后恢复重建规划应当根据地质条件和地震活动断层分布以及资源环境承载能力，重点对城镇和乡村的布局、基础设施和公共服务设施的建设、防灾减灾和生态环境以及自然资源和历史文化遗产保护等作出安排。”

③ 《中华人民共和国防震减灾法》第六十九条：“地震灾区的县级以上地方人民政府应当组织有关部门和专家，根据地震灾害损失调查评估结果，制定清理保护方案，明确典型地震遗址、遗迹和文物保护单位以及具有历史价值与民族特色的建筑物、构筑物的保护范围和措施。”

四、当前缺环

（一）日常保养维护

相较于在馆内有展柜进行保护展示的可移动文物而言，不可移动文物在抗震方面的保护更加依赖日常养护和加固措施。以木结构为基本建筑结构的中国古建筑，在日常保存过程中易受自然因素如雨水、寒潮、霜冻，生物因素如杂草、白蚁等的影响，这一系列不断积累的影响如果未能及时发现和根除，将在火灾、洪水、地震等一系列重大灾害下加重文物可能面临的损毁状况。因此，出台详细的针对不可移动文物日常保养维护以及防灾减灾措施的法律法规是有必要的。这就要求文化遗产保护相关单位提供日常防灾减灾预案的同时，出台相关的具体文化遗产灾后应急预案，针对不同文化遗产的特色制定规范的文化遗产受灾评估标准和相应的整体应急预案，以防止在受地震、洪水、火灾等重大灾害影响下，地方行政体系瘫痪导致本身制定的灾后应急预案一时之间难以启动的情况。

国家文物局官网展示的关于文物在地震方面的抗灾减灾要求，更多的是针对地方上报的对某一不可移动文物在建设或展示过程中，由当地政府或是相关单位制定的防灾减灾相关方案或措施进行批复。虽然不同的文化遗产各具特性，各个地区的地震发生可能性也各有不同，但仍需要一个总体上的日常防灾减灾法规来对文化遗产的日常防灾减灾工作从法律法规层面上加以规范，从而明确日常保养维护范畴、相关数据收集整理、日常保养频率，明确责任划分、奖惩机制等一系列细节操作。对震前预防保护措施和日常保养维护做到尽善尽美，才能在地震发生时尽最大可能削弱地震对文化遗产本体造成的伤害。

（二）震后重建

《防震减灾法》中虽强调了要注重相关历史文化遗产的震后重建工作和根据自身区域特色执行文物保护修复方案，但对震后详细的勘察施工过程和详细要求缺乏明确的指示。参考二王庙建筑群的震后修复过程，施工单位和监理单位均为独立公司，这就要求出台详细的施工监理单位资格评估方式和二者职责划分。在地震发生后的文化遗产修复重建阶段，由于施工或者保护重建观念有误导致的人为二次损坏是完全可以通过规范施工行为来避免的，这也正是监理这一过程存在的意义。明确震后保护修复观念，严格贯彻“保护为主，抢救第一，合理利用，加强管理”十六字文物保护方针，在重建过程中秉承“修旧如旧”和“最小干预原则”，严格按照日常维护过程中搜集到的相关文化遗产数据和结构进行修复重建，保证文化遗产在重建后的真实性和完整性。明确各个施工参与方的责任划分和奖惩体系，在重建工作完成后对施工单位的修复重建成果进行评估，以保证施工过程中人为失误的最小化。

五、总　　结

二王庙古建筑的震后修复重建工作是当前中国重要文化遗产遭受严重不可抗自然灾害后进行修复保护的成功范例，依据这一震后修复工作流程，对比当前文物保护法律法规，我们可以看到，现行《文物保护法》和《文物保护法实施条例》中在灾害发生前的预防措施、震后应急预案的启动方面仍有不足，对地震这一造成重大文化遗产受损的自然灾害和震后文化遗产保护修复以及重建工程方面仍较为不完善，《防震减灾法》在汶川地震后出台。在2016年发布的《国家自然灾害救助应急预案》中，缺少针对文化遗产相关方面的震后修复重建工作大方向的指示。当前，中国文物保护法中针对遭受重大自然灾害的文化遗产保护尚未形成完整的法律法规体系。当前，需要加强在文化遗产前期日常维护、灾后应急预案制定、监理施工单位规范、重建原则强调等方面的法制建设，重点加强各个阶段责任归属和奖惩制度，完善以国家文物局为中心的灾后重建工作评估体系，保证文化遗产震后修复工作完整顺利进行。

参考文献

马涛：《卧龙大熊猫安然无恙 熊猫“口粮”供应吃紧（图）》搜狐新闻网（2008年5月14日）http://news.sohu.com/20080514/n256839259.shtml

荣山庆二：《日本文物建筑保护及维修方法研究——并浅述中国保护现状》，清华大学博士学位论文，2013年。

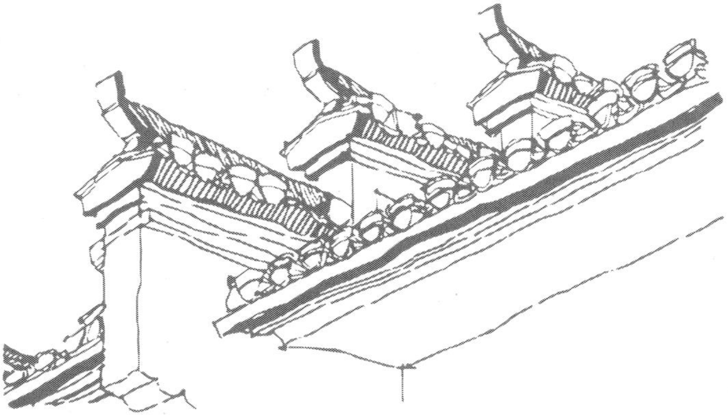

其 他 类

扬州城管殴打考古队员事件分析

一、案例介绍

2019年1月16日，扬州发生了考古队员被当地城管打伤、考古设施设备被强拆损坏的恶性事件，这引起了考古学界、国家有关部门和新闻媒体的广泛关注。国家文物局第一时间向江苏省文化和旅游厅发出督办函（图1），要求尽快查明事件原委，及时向省政府报告，依法严惩涉事单位和人员，并向社会公示处理结果①。关于该事件的具体经过，当地“扬州发布”于18日晚贴出了通报。通报称瘦西湖街道办事处综合管理大队人员根据其地块看管和防违控违职责，巡查桑树脚地块时发现围墙破损、内有临时搭建设施，当场要求拆除，现场人员称正在考古，但未出示考古证照，巡查人员也未向上级主管部门和文物部门联系求证，双方在1月16日下午发生了冲突，致使两名人员受伤。经景区管委会对接市文物局，确认两名人员为文物考古人员，并调查核实，考古遗迹现场未受破坏②（图2）。

该通报发出后遭到了广泛的质疑，其说辞有诸多不恰当之处。事后当地市委市政府迅速责成景区管委会对相关人员依法依规做出处理，决定对违反治安管理行为人瘦西湖街道综合管理大队队员胡某、陆某、陶某予以行政拘留，李某予以治安罚款，蜀冈—瘦西湖风景名胜区党工委、纪工委对负有领导责任的瘦西湖街道党工委书记郭明勇给予党内警告处分，对负有直接责任的综合管理大队队长吴亮给予党内严重警告处分。③并决定无限期延期交地时间，待考古验收结束后再根据其意见决定土地使用方案。

本文将对此次事件的来龙去脉进行简单的梳理，厘清背后的利益关系并对此类矛盾的解决方式进行简要探讨。

---

① 《国家文物局督办扬州考古工地发生冲突致伤事件》，人民网（2019年1月18日）http://m.people.cn/n4/2019/0118/C1547-12214653.html

② 王继亮：《扬州就考古人员被打一事发布通报 知情人士另有说法》，搜狐网（2019年1月19日）https://www.sohu.com/a/289999944_114731

③ 王继亮：《扬州市政府通报考古人员被打事件处理情况：深感痛心》，人民网（2019年1月21日）http://m.people.cn/n4/2019/0121/c1549-12221361.html

国家文物局敦请督办扬州市桑树脚地块考古工地发生冲突致使考古工作人员受伤事件的函

文物保函〔2019〕75号

江苏省文化和旅游厅:

桑树脚地块位于全国重点文物保护单位扬州城遗址范围内。经我局批准，2017年至2018年扬州市文物考古研究所组织实施扬州市桑树脚地块考古项目。目前，考古发现晚唐至南宋时期大型建筑遗址群，确认边长66米的大型夯土台基、唐代铺砖道路、廊道、灶等重要遗迹，出土“官”、“官春”等戳印瓦、莲花瓦当、大型鸱尾等高等级建筑构件和大量青瓷、白瓷遗物。有专家认为，该遗址可能为五代十国时期吴王杨行密宅邸。

近日，我局关注到，扬州市桑树脚地块考古工地发生冲突致使考古工作人员受伤、考古设施设备被毁、严重阻挠考古工作的恶性事件。经向有关人员核实，情况基本属实。该事件严重威胁了考古工作人员的人身安全，影响考古工作的正常开展，造成极为恶劣的社会影响。

扬州市是国家级历史文化名城，地下文物丰富，基本建设考古工作是确保扬州市地下文物安全和城市建设发展的重要措施。我局敦请你厅尽快查明事件原因，及时向江苏省人民政府报告情况，依法严惩涉事单位和人员，并向社会公布处理结果，切实维护《中华人民共和国文物保护法》严肃性，确保考古工作正常开展。

专此函。

国家文物局

2019年1月18日

图1　国家文物局督办函

图2　扬州桑树脚地块考古队员和城管冲突现场①

二、案例梳理分析

从时间线来看，扬州市文物考古研究所经国家文物局批准，于2017～2018

① 图片来源：人民日报http://baijiahao.baidu.com/s?id=1623003601131795143&wfr=spider&for=pc

年组织实施了桑树脚地块的考古项目。至2018年12月12日，桑树脚地块所在的GZ096商住地块被开发商以总价8.63亿元摘牌。此后据调查，2019年1月，即事发前十日左右就有多次阻挠该地考古工作的行为发生，直至1月16日下午发生了暴力“执法”事件，以考古队员被城管打伤告终[①]。

该事件的直接相关者是考古队员和城管，实则代表了文物考古工作者和开发商这两个主体，此外还有一个不容忽视的利益相关方——当地政府。三方的利益冲突正是长期以来普遍存在的矛盾——经济发展过程中考古文物保护工作和城市建设之间的矛盾（图3）。

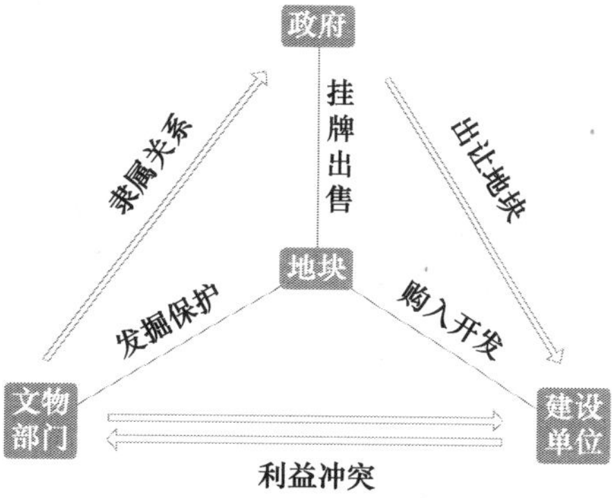

图3 利益相关方简图

考古发掘及文物保护工作与基本建设的矛盾在经济飞速发展的现阶段其实是不可避免的，这与我国正处于大规模现代化发展时期密切相关。城市的建设与扩张加速了地上地下文物的面世，随之而来的还有大量为配合基础建设而进行的抢救性发掘与保护工作。目前来看，我国未来较长一段时间内仍会处于城镇化进程当中，大规模的基本建设在所难免，但经济的发展不能以文物的消亡为代价。因此，如何尽可能地化解两者之间的矛盾是我们必须重视并尝试解决的问题。

三、涉及问题分析

（一）现有立法状况

1.《中华人民共和国文物保护法》中的相关规定

扬州桑树脚地块位于全国重点文物保护单位扬州城遗址范围内，同时国家文物局已于2017年6月12日批准了《关于扬州市桑树脚地块考古发掘项目的批复》的考古项目。按《中华人民共和国文物保护法》（以下简称《文物保护法》）第八条规定：“地方各级人民政府负责本行政区域内的文物保护工作。”发生城管暴力殴打考古队员这样的事件，可见扬州市政府对自己辖区内的文物考古工作缺

① 王继亮：《扬州就考古人员被打一事发布通报 知情人士另有说法》，搜狐网（2019年1月19日）https://www.sohu.com/a/289999944_114731

乏正确理解与配合。《文物保护法》第九条规定："各级人民政府应当重视文物保护，正确处理经济建设、社会发展与文物保护的关系，确保文物安全。基本建设、旅游发展必须遵守文物保护工作的方针，其活动不得对文物造成损害。"该条规定强调的仍是政府在考古工作与城市建设之间应发挥的作用，扬州市政府在出售土地时未充分考虑到考古工作的进程，从而成为此次事件爆发的导火索。

该事件中的桑树脚地块位于全国重点文物保护单位扬州城遗址范围内，目前考古发现也指明了该地为唐宋时期大型建筑遗址群，可见对其发掘及研究非常重要，国家文物局也已批准考古项目的持续性实施。在这些事实的基础上，该事件的发生已严重侵犯了《文物保护法》的严肃性，威胁了考古工作人员的人身安全，阻挠了考古工作的正常开展，造成了恶劣的社会影响，但同时我们也应看到《文物保护法》自身存在的问题，即现行法律规定与实际情况间的不适应性。

首先，现行《文物保护法》在涉及基本建设的要求方面存在不合理性。如《文物保护法》第三十一条规定："凡因进行基本建设和生产建设需要的考古调查、勘探、发掘，所需费用由建设单位列入建设工程预算。"多年来，基本建设中对文物进行抢救性发掘的经费由建设单位承担，这种方式常常引发建设单位与文物部门的矛盾，不利于对文物的保护。另外，在实际情况中，现行规定对于建设单位来说的确存在不公平因素，如考古发掘工作的不可控性。由于发掘时长带来的工期延误等问题会迫使建设单位承担不必要的损失，从而导致建设单位不惜以破坏文物为代价来保障自身的利益。以本次事件为例，开发商购入地块投资建设，却不能按规划开始工期，这就意味着建设成本的增加，进而采取了不正确的暴力手段。长远来看，若想更有效地保护文物，这项费用应由国家专项支出，具体的配套政策也要审慎考虑，这是《文物保护法》今后修订应注意的方向。

其次，现行《文物保护法》存在界定模糊和可操作性不强的问题。以《文物保护法》第二十九条为例："进行大型基本建设工程，……考古调查、勘探中发现文物的，由省、自治区、直辖市人民政府文物行政部门根据文物保护的要求会同建设单位共同商定保护措施；遇有重要发现的，由省、自治区、直辖市人民政府文物行政部门及时报国务院文物行政部门处理。"其中的"大型基本建设工程"究竟指多大规模，这种模糊的定义存在很大的漏洞。另外，惩罚制度的不完善使《文物保护法》丧失了较大的可操作性，甚至纵容了知法犯法行为的发生，失去了法律约束的意义。总之，现行《文物保护法》在实际操作中更多体现为指导性的基本法，日后应逐步细化改善，进一步为缓和考古工作与城市建设之间的矛盾提供法律依据。

2. 地方性政策法规

从法律的层面来看，《文物保护法》存在的问题并非在短期内就能够实现修订完善的。由此，各地根据自身需要制定地方性的政策法规显得尤为重要。考古与城市建设的难题屡见不鲜，此前诸多城市均发生过涉及文化遗址的土地出让问题。扬州市作为一个文化古城，完全可以效仿南京、广州、济南、郑州①等地下文物资源丰富的城市，针对考古工作与建设用地之间的矛盾进行地方立法。如南京市在2010年的《南京历史文化名城保护条例》中明确提出，“国土行政主管部门应当事先委托文物行政主管部门对出让或者划拨地块进行考古调查、勘探”，也就是把“先出让、后考古”变为“先考古、后出让”②。近年来，多个城市通过地方立法实现考古前置，这是非常值得借鉴的做法。考古前置的实质使此前利益冲突的焦点发生了变化，即考古发掘费用由建设成本转变为土地出让成本，承担主体也由建设方变为政府，体现了政府在文物保护工作中的主体责任。这样一来，可以提前消化考古与基础建设的矛盾，考古工作与文物保护可以得到有效保障，开发商也不会陷入进退两难的境地，政府则应该做好分内的事，调查、勘探所需经费在出让地块前安排在文物保护专项资金中，避免了以往哪个地块发现文物，就由竞得人承担经费这一尴尬局面，努力做到在保护好历史文化的同时求发展。

通过地方立法推行考古前置，也是对国家相关新要求的配合。2018年，中共中央办公厅、国务院印发《关于加强文物保护利用改革的若干意见》中提到：“国土空间规划编制和实施应充分考虑不可移动文物保护管理需要。完善基本建设考古制度，地方政府在土地储备时，对于可能存在文物遗存的土地，在依法完成考古调查、勘探、发掘前不得入库。”这条意见表明国家已发现了基本建设中的保护难题。2019年6月，国家文物局发布的《国家文物局关于进一步加强考古管理的意见》（文物保发〔2019〕16号）中进一步提出：“鼓励有条件的城市开展土地储备考古前置试点，历史文化名城应尽快研究落实土地储备考古前置工作。”由此可见，考古前置既有现实需求，又有国家相关政策法规的支持。

考古前置试行以来，解决了以往存在的主要问题，既有利于文物保护，又降低了建设单位的投资风险。扬州应在汲取各地实践经验的基础上，因地制宜地制定地方性政策来规避此类冲突的发生。

（二）现行制度建构

从政府的角度来看，此次冲突从侧面反映出其在经济建设与文物保护两者之间做出的选择。尽管《文物保护法》明文规定了政府在文物保护工作中的主体责

---

① 温小娟：《文物保护和开发建设更和谐》，《河南日报》2018年4月7日。

② 焦思颖：《建设用地“先考古、后出让”》，《中国国土资源报》2015年9月8日。

任，但迫于财政压力或出于发展经济的目的，政府在实际规划过程中往往会将文物保护置于次要地位。如若将考古发掘与文物保护经费纳入基础建设规划，无疑会大大增加当地政府的投入成本，也会拉低基础建设的速度。可见，政府在政绩驱使下重建设而轻考古的矛盾是潜在的，因此在文物保护事业中，对政府的制约不能仅靠《文物保护法》的指导，而应通过切实有效的文物事业管理制度建构来监督。

目前，我国文物事业管理部门直接隶属于各地政府，其与国家文物局之间只是业务指导关系，同时文物部门在组织、财政、人事等方面均隶属于本级政府。因此，当经济建设与文物保护发生利益冲突时，文物部门明显力不从心，很难做到有效保护，这是现行体制存在的固有问题。加之针对文物进行管理的部门复杂，责任主体不唯一的现行制度特点，在共同管理负责的过程中多方很容易造成互相推诿、逃避责任的局面，进而使文物保护在经济建设中处于弱势。

因此，只有理顺管理机制，变文物部门与政府间的隶属关系为有效监督关系，才能从根本上规范政府行为，解决政府在经济建设中对文物保护不力的问题。

（三）现实保护意识

关于缓和经济建设与文物保护之间的矛盾，除了法律和制度建构层面的要求，还涉及各行为主体对待文物保护的态度。该事件中，在利益冲突面前政府的取舍与建设方的选择都反映出其文物保护意识的淡薄。一直以来，文物部门始终致力于文物保护及其法律法规的普及宣传，旨在增强民众的保护意识，但该事件的发生要求我们及时反思，文物保护宣传工作或许也应面向相关政府部门。民众固然还是普法宣传的重要对象，但政府部门文物保护意识的匮乏往往会对文物造成更大的破坏。如何引导政府培养正确处理建设效益与文物保护的意识，更多地发掘文物的文化效益而非单纯的经济价值，这是今后我们在保护工作中应努力解决的问题。

四、反思与总结

扬州考古队员遭殴打事件引发了社会强烈关注，在多方敦促下，涉事暴力人员已得到了惩戒，但这次矛盾引发的不良影响及后果再次警醒我们要主动深入地去思考城市经济建设与文物保护工作的关系。基建考古的被动性是我们发掘和保护工作中最常面临也最为实际的困难，法律法规的不合理、配套制度的不完善、保护意识的缺失等都是两者矛盾的深层次症结。因此，我们要在发展中摸索规律，多管齐下以实现双赢。

首先，在立法层面推动《文物保护法》的修订以配合经济建设中的文物保护工作，提升其可操作性，还要加快文物大市相关专项立法进度，运用法治手段为文物保护工作保驾护航；其次，解除文物保护部门对政府的依赖关系，可以尝试垂直管理以便实现有效监督；最后，要把政府开发建设相关部门作为文物保护宣传的重点，扭转其重经济轻文化的错误发展观，避免开发性破坏悲剧的发生。

“考古遗址是不可再生的文化遗产，关乎扬州千年历史文脉的传承，而城市文脉的传承需要担当和智慧。”这是《人民日报》对这一事件的评论[①]。扬州坐拥丰富的文物资源，如若不能妥善化解城市经济建设和文物保护工作之间的矛盾，只顾眼前经济利益，放任对历史文化的轻视，只会造成两败俱伤的局面。笔者认为，在各地大力推进经济建设的当今，学会权衡城市的眼前利益和长久发展利益十分重要，政府必须担起文物保护工作的职责，以长远的视角来探索一条文物保护与城市建设双赢的道路。考古前置作为近年来被各地踊跃尝试的手段，实现了基建考古工作化被动为主动的局面，极大地缓和了建设方与考古工作单位的利益冲突，是未来各地城市规划中值得借鉴的方案。

参考文献

范洁：《工程建设与文物保护矛盾如何破解》，《中国建设报》2014年2月10日。

贾昌明：《化被动为主动，真正做到“基础建设，考古先行”》，《中国文物报》2019年9月27日。

刘远富：《基建与考古的矛盾如何解决，看看各地的最新做法》，《中国文物报》2019年11月12日。

王冬冬：《日本基建与考古矛盾之处理》，《中国文物报》2019年2月1日。

张晓云：《基建考古“十四五”外部环境变化分析及应对策略》，《中国文物报》2020年11月20日。

朱之勇：《论我国当前文物保护的困境与对策》，《学术探索》2012年第5期。

① 闻白：《城市文脉传承 需要担当和智慧（新语）》，《人民日报》2019年1月22日。

凤凰古城景区收费事件分析

一、案例介绍

2013年3月19日，凤凰县政府印发《关于凤凰县旅游景区门票管理方法（试行）的通知》，确认从2013年4月10日起执行凤凰古城各景点不再单独售票，原本各景点验票改为进入古城后验票。实际上这是将原本不收费的古城纳入了收费范围（图1、图2）。

此政策一出，受到游客以及城中多家商户的双重抗议，直接导致游客数量锐减。凤凰古城收费新政也被全国的媒体和网民痛批，事件一度升级。据中青舆情监测室统计，6 天内近 50 万网民参与讨论了凤凰古城“进城费”，对此事件持否定态度的高达 91.3%①。

2013年4月9日，凤凰县政府又发布《凤凰县旅游景区门票管理方法实施细则》，制定了对部分群体的优惠票以及免票制度；4月20日起，又推出对学生群体降价以及周边居民可免费进城等举措。但并未平息舆论。

2016年4月10日起，湖南凤凰古城正式暂停景区验票，保留景点验票方式。游客不必再购买 148 元的“捆绑式”大门票，只需要在逛小景点时购买相应的门票，凤凰古城收费事件最终落幕。

图1　凤凰古城设立检票点

图2　凤凰古城收费门票②

---

① 周晓雪：《多源流分析凤凰古城收费政策》，《当代经济》2015年第10期。

② 图1、图2来源：沈墨：《“凤凰古城收费”利益场》，《法人一线调查》2013年第5期。

二、案 例 分 析

（一）案例时间脉络梳理（图3）

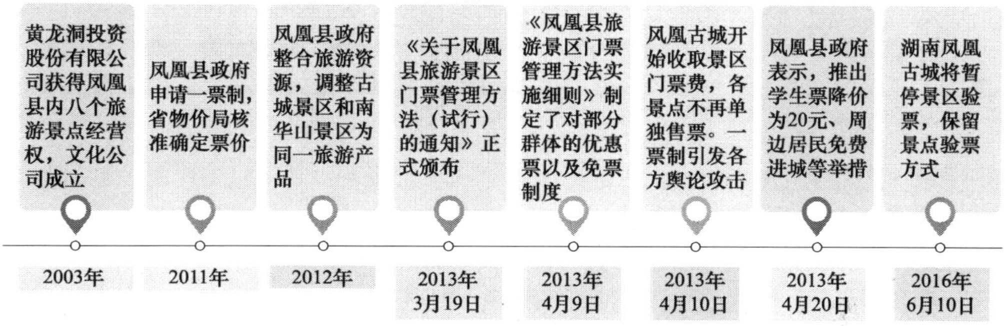

图3　凤凰古城“圈地”收费事件时间线

（二）案件焦点梳理

凤凰古城强推一票制，游客无论是否参观古城全部景点，都需要购买148元门票，这一政策显然缺乏灵活性，旅客为了票有所值只能提前规划旅游时间，政策一出台便导致游客数量骤减，商户生意也因此受到打击，引发了巨大舆论。

古城收费一事自然离不开各方主体的利益斗争，舆论的重心也集中在收取门票的原因，收益是如何被分配利用的，收费行为是否合理以及收费程序是否合法等方面。收费事件暴露出凤凰县政府经营城市中法律法规不健全、政府角色错位、相关利益协调机制缺失、监督机制不健全、社会参与不足等问题。

此外，古城九景区所有权归属问题也存在利益纠纷，部分景观所有者也被卷进了这次收费事件的旋涡之中。为了全面分析案例的各个方面，下文将从五个方面分别展开论述（图4）。

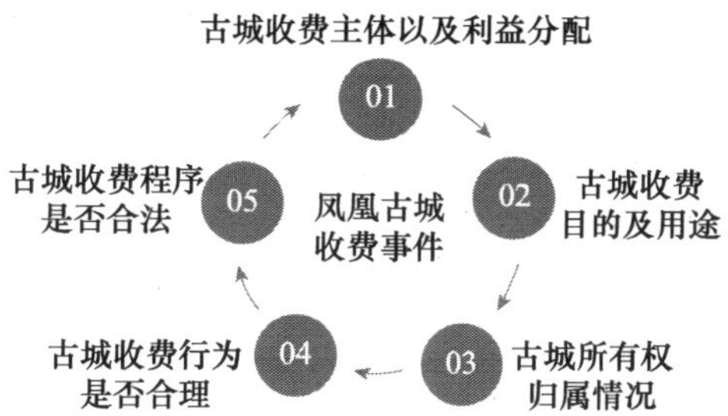

图4　凤凰古城收费事件焦点分析图示

三、案例深层次问题分析

（一）古城收费主体以及利益分配

2001年10月，黄龙洞投资股份有限公司与凤凰县人民政府签订《湖南省凤凰县八个旅游景区（点）经营权转让合同》，由此黄龙洞投资股份有限公司获得凤凰县内八个旅游景点①的经营权，凤凰古城文化旅游投资股份有限公司（以下简称文化公司）正式成立。其中凤凰县人民政府独资的公司持股49%，开发商叶文智的公司占股51%。其经营范围包括景区票务服务、政府允许的项目投资、旅游工艺品制作和销售等服务、此后，凤凰县人民政府一直采用“出让景区经营权”“公私合营”的方式与凤凰古城文化旅游投资股份有限公司合力开发旅游资源。

收费事件一经曝光，便有舆论称凤凰县人民政府能从中获利上亿元，甚至更多，再加上相关文件中对于古城门票收入与使用的公示办法只字未提，这样不受监督的资金将由何人使用，用往何处将直接关系凤凰古城收费的初衷设定。与民争利、捆绑消费、画地圈钱的质疑将县政府推到了风口浪尖上②，政府公信力受到严重质疑。

对此县政府持坚决否定态度，资料显示，物价部门对景区门票的核算是，成本为131.27元，其中运营成本73.64元，特许经营权摊销单位成本12.76元，建设维护成本21.76元，发展成本 23.11 元。148 元每人次的票价中，还包括资源有偿使用费15元、旅游宣传促销费7元和价格调节基金11元。其中，资源有偿使用费、旅游宣传促销费由自治州政府负责征收，70%返还县政府，30%留州政府；价格调节基金由凤凰县物价局负责征收，30%上缴州政府，70% 留县政府③。

凤凰景区门票收益分配为三个部分：服务公司从售票门票收益中收取一定比例的代理费，凤凰县政府依法征收的税费和资源有偿使用费、宣传营销费、价格调节基金，剩下的门票所得由文化公司、南华山旅游公司、乡村游公司三家公司按照固定基数分成（图5）④。也就是说，城内商户、城内居民以及部分私人建筑所有者均未参与到利益分成之中。

---

① 八个景区包括沈从文故居、熊希龄故居、杨家祠堂、东门城楼、虹桥艺术馆、崇德堂、万寿宫和古城博物馆。这8家景点是凤凰旅游资源的 90%，也全部被包括在本次新门票的使用范围中。

② 沈墨：《“凤凰古城收费”利益场》，《法人一线调查》2013年第5期。

③ 《湖南省物价局关于规范凤凰古城门票价格的批复》（湘价函〔2012〕32号）。

④ 文利雅：《凤凰古城收费案的法律分析》，西南政法大学硕士学位论文，2014年。

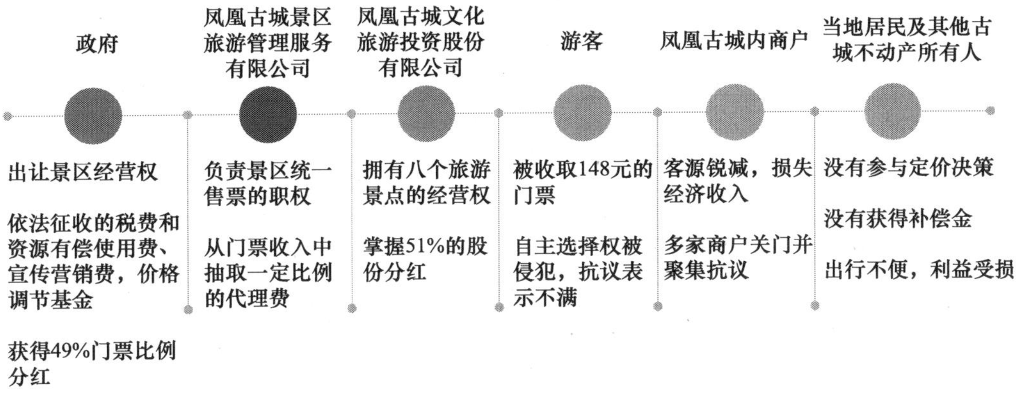

图5　凤凰古城收费事件涉及的利益主体及利益分配

（二）古城收费目的及用途

根据调查报告显示，2001 年，凤凰古城全年门票收入不足 100 万元，接待费却有 200 万元。据凤凰县政府统计，凤凰旅游发展初期，财政共投入资金 15.51 亿元，回收只有0.4亿元①。2012年，凤凰县接待游客 690.49 万人次，旅游总收入 53.01 亿元，分别是2001年的12倍和71倍，旅游业占全县生产总值的 67.5%。由于只有几处景点收费，门票“流失很大”。2012 年门票收入仅 1.78 亿，大量收益进入其他商户手中。

在凤凰古城收费前，县政府一直处于“高支出，低收入”的状态，景区统一门票是当地政府多年来的愿望。时任凤凰县委常委、副县长蔡龙介绍，凤凰县政府在古城景区门票中获得的税费收入，其用途一是古城日常管理维护；二是古城修缮；三是包括沱江水体治理、供水排污设施建设与完善；四是沱江风光带及古城夜景建设；五是探索古城特色民居保护管理补偿机制②。

从这个角度来说，无论是县政府还是文化公司，作为凤凰古城的管理者和经营者，既要面对古城修缮维护、旅游资产保值的压力，又要承担景区内污染治理、基础设施建设及维护，对外宣传等各方面支出压力，而收取门票显然成为经营者解决回收资金的首选，地方政府支持“一票制”无可厚非。

可是门票收费的主体不应该只是文化公司和县政府，所有涉及利益的主体

① 向春玲：《湘西凤凰古城八大旅游景点经营权有偿转让调查报告》，中央党校社科部社会学教研室，2015年。

② 张毛清：《凤凰县官方称凤凰古城门票收入中政府无分成》，中国广播网（2013年4月18日）http://www.doc88.com/p-5744123386008.html

都应该得到相应收益或者补偿机制，例如，城中因客流减少而造成经济损失的商户。

（三）古城所有权归属情况

凤凰古城景区中的沈从文故居、熊希龄故居、杨家祠堂、东门城楼、万寿宫、古城墙、虹桥等都属于文物。其中，崇德堂属于典型的私人所有建筑，所有权人将起居和待客的公共区域、主人卧室等私人区域合理划分；凤凰古城博物馆属于私人博物馆，博物馆建筑以及馆内藏品均属于私人。此外，景区内建筑不仅包括各景点的建筑还包括街道两边作为旅游特色风景的房屋建筑物，这些建筑物所有权归古城内居民私人所有①。

综上所述，凤凰古城景区内的旅游资源产权属于混合所有制，所以不能想当然地认为凤凰古城所有权完全归属国家。基于上述讨论，那么文化公司和凤凰古城不经过城内部分建筑所有者的同意，大手笔划定门票价格和分成显然不合理，并且事后并没有相应的补偿机制，侵犯了他们的部分权益②。

虽然法律保护城内居民、私人所有者的所有权，但是行政机关对公物的管理权来源已经淡化了所有权相互依赖的关系，更为关注的是管理目的及方法③。也就是说，凤凰县政府采取一票制的行为属于行政机关对公物的管理方式，且基于保护公物的目的，那么收费行为并无不妥。

（四）古城收费行为是否合理

很显然，凤凰古城收费使得门票收入增加，县政府从中获取财政和收入以及公司股份分红，文化公司也能从中抽取分成，但是游客旅游成本上升，商户生意萧条也是事实，讨论收费的合理性非常有必要。

首先一票制显然属于强制消费，捆绑消费的范畴，侵害了游客自主选择的

---

① 《中华人民共和国物权法》第三十九条规定：“所有权人对自己的不动产或者动产，依法享有占有、使用、收益和处分的权利。”

② 《风景名胜区管理条例》第十一条规定：“风景名胜区内的土地、森林等自然资源和房屋等财产的所有权人、使用权人的合法权益受法律保护。申请设立风景名胜区的人民政府应当在报请审批前，与风景名胜区内的土地、森林等自然资源和房屋等财产的所有权人、使用权人充分协商。因设立风景名胜区对风景名胜区内的土地、森林等自然资源和房屋等财产的所有权人、使用权人造成损失的，应当依法给予补偿。”

③ 金东熙著，赵峰译：《行政法二》，中国人民大学出版社，2008年，第203页。

权利[①]；其次，圈地收费却不设置对城内居民和商户补偿机制，损害了其经济利益；最后，捆绑式消费引发全网讨伐，严重危害了政府公信力，导致客源流失，商户利益受损，乃不明智之举。

综上所述，凤凰古城圈地收费，此举并不合理。

（五）古城收费行为是否合法

一票制是指行政主体为实现一定的行政目的，以具体的规范性文件为依据，在景区范围内统一购买一次门票，各景点不单独售票，所有项目由游客自主选择浏览的售票方式。适用范围为除本地居民与享受免票群体，外地游客[②]。

根据《中华人民共和国价格法》（以下简称《价格法》）《风景名胜区条例》《湖南省风景名胜区条例》等规范性文件，凤凰县政府依法享有收取景区门票的设定权[③]，但凤凰县政府将景区统一售票的职权交付给凤凰古城景区旅游管理服务有限公司。服务公司是经营性不具备行政管理职能的企业法人，不属于风景名胜区管理机构，因此也没有售票权。此行为明显违反了法律规定，属违法行为[④]。

从所有权方面来说，凤凰古城旅游资源产权属于混合所有制，然而，凤凰县县政府将古城内居民的不动产集合起来划为景区并收取费用，此行为明显侵犯了古城内不动产所有权人的合法权益[⑤]。

凤凰古城收费事件中，凤凰县政府以土地入股占 49% 股权的形式组建公司参与景区经营。此出资比例以及税收收入可展现出收益分红之分配，然而当地居民作为古城不动产的真正的权利人，其合法权利却未能得到应有之保障，甚至在权

---

① 《湖南省旅游条例》第二十三规定："……旅游区应当按照价格主管部门的规定设置单一门票和联票。供旅游者自主选择，禁止向游客强行出售联票。"

② 《湖南省旅游参观景点门票价格管理方法》第十条规定："旅游参观点门票，原则上实行一票制，游览参观点包含免费开放的游览参观点，除经业务主管部门批准设立需要单独设置门票的特殊参观点位均实行一票制……"

③ 《风景名胜区管理条例》第四条规定："风景名胜区所在地县级以上地方人民政府设置的风景名胜区管理机构，负责风景名胜区的保护、利用和统一管理工作。"

④ 《风景名胜区管理条例》第三十七条规定："进入风景名胜区的门票，由风景名胜区管理机构负责出售……"第三十九条规定："风景名胜区管理机构不得从事以营利为目的的经营活动，不得将规划、管理和监督等行政管理职能委托给企业或者个人行使……"

⑤ 《风景名胜区管理条例》第十一条规定："风景名胜区内的土地、森林等自然资源和房屋等财产的所有权人、使用权人的合法权益受法律保护。申请设立风景名胜区的人民政府应当在报请审批前，与风景名胜区内的土地、森林等自然资源和房屋等财产的所有权人、使用权人充分协商。因设立风景名胜区对风景名胜区内的土地、森林等自然资源和房屋等财产的所有权人、使用权人造成损失的，应当依法给予补偿。"

利受损后也未能得到应有补偿。这与行政法之立法宗旨相违背，是不合理的。

总之，凤凰县政府享有收取景区门票的设定权，但其设定权是受到相关所有权人的权利限制的，而且凤凰县政府在并未与相关所有权人进行合理协商，也未对权利受损的权利人进行补偿的基础之上进行景区收费权的设定，违反了相关法律的规定，是不合法的。

讨论古城一票制的收费程序，也就是讨论在相关部门变更景区收费方式时，应该经过哪些程序，是否需要经过听证程序和公示程序①。

一票制政策实施之所以引起城内商户、居民、游客以及网民的强烈反对，重要原因便在于决策机构在制定政策过程中，跳过公众听证程序。景区收费只经过主管部门同意是远远不够的。听证制度作为控制行政行为的制度设置，在这件事件中不但得不到充分的保障，反而形同虚设，难免引发公愤。

公众听证制度是落实多项政策的必经过程。公众若是能够参与到景区收费政策的制定中，利益相关人能够获得与行政主体对话、协商的机会，则政府才能够考虑到不同利益群体的诉求，使决策做得更加周全。

综上所述，古城收费未经过合法之程序，实乃程序与法治之乱。故凤凰县政府的定价行为违反《价格法》之规定，是不合法的。

四、案件总结

凤凰古城收费事件早已落下帷幕，但引发的一系列讨论和思考仍具有现实意义。收费事件暴露出凤凰县政府在景区管理中法律法规不健全、政府角色错位、相关利益协调机制缺失、监督机制不健全、社会参与不足等问题，具有普遍性。

从这一事件可以得到以下教训。第一，政府制定门票的行为若出于限制客流，保护景区加强管理等目的，依法受到保护，但若是在此过程中造成相关利益主体损失，应当依法给予补偿。第二，政府可以依法让渡景区经营权，但是对门票的制定权以及统一售票权不可以交给具有经营权的企业法人。第三，政府制定关系群众切身利益的公用事务价格、公益性服务价格等，应当建立听证会制度，由政府价格主管部门主持征求消费者、经营者和有关方面的意见。第四，政府公信力不容忽视，政府不可以因盲目追求经济效益和政绩而侵吞相关利益主体的合法利益。

① 《中华人民共和国价格法》第二十三条规定："制定关系群众切身利益的公用事务价格、公益性服务价格、自然垄断经营的商品价格等政府指导价、政府定价，应当建立听证会制度，由政府价格主管部门主持，征求消费者、经营者和有关方面的意见，论证其必要性、可行性"。《湖南省价格监督管理条例》第十条、第十一条也有此类规定，且明确提出参加听证人员包括经营者、消费者、其他利益相关方、专家学者。

蔡国故城保护区划受侵占事件分析

2005年《西安宣言》中，对古建筑、古遗址和历史区域周边环境的保护做出了明确规定。古建筑、古遗址和历史区域的周边环境是指紧靠古建筑、古遗址和历史区域的和延伸的，影响其重要性和独特性或是其重要性和独特性组成部分的周围环境。除了实体和视角方面的含义之外，周边环境还包括与自然环境之间的相互关系；所有过去和现在的人类社会和精神实践、习俗，传统的认知或活动、创造并形成了周边环境空间中的其他形式的非物质文化遗产，以及当前活跃发展的文化、社会、经济氛围①。周边环境作为完整、生动诠释文物的重要组成部分，理应与文物本体一同保护。我国根据文物具体情况，将文物周边环境按照重要程度及远近位置划分为文物本体、文物保护范围、建设控制地带，从而形成以点到面，再到区域的保护范畴（图1）。

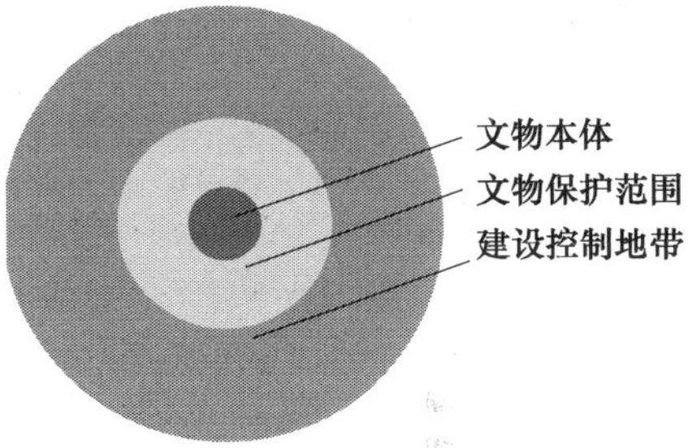

图1　文物本体与保护区划关系示意图

随着我国文物保护单位确立的进程日益加快，文物的保护工作日益加重。但面对日益加速的城市化进程，城市发展用地与文物保护用地两者之间产生了日益严重的矛盾。不少文物保护单位的文物保护范围、建设控制地带被越来越多的商业建筑、基础设施所侵占，严重影响了不可移动文物的整体保护，更有甚者，文物自身也难逃被破坏、侵占的厄运。本文将从全国重点文物保护单位河南蔡国古城的文物保护范围被非法侵占的案例入手，来探索文物保护的未来道路。

根据文物保护区划的划分具体流程与步骤，可以大致划分为三个阶段：范围划定、范围公布、范围管理②。这三个阶段能否顺利进行直接决定了文物能否更好地存续下来，每一个阶段都有需要着重注意的地方，任何一阶段的处理不当，都会影响整体的文物保护进程（表1）。

---

① 2015年《西安宣言》。

② 朱明敏：《试论文物保护区划的三个阶段及相关问题》，《文博学刊》2018年第1期。

表1　文物保护区划的划定实施阶段

阶段	存在问题	后果
划定阶段	文物保护、建设控制地带范围划分不明确	文物保护工程、建设工程等难以实施，在边界地带易产生分歧
	文物保护、建设控制地带范围划分过于模式化，没有将道路、河流等纳入考虑范畴	导致文物保护工程没有可行性，计划难以落地
公布阶段	公布效率低	在公布之前容易产生开发商等工程建设部门在文物保护范围内进行工程建设
	公布范围含糊不清	文物保护工程、建设工程等难以实施，在边界地带易产生分歧
管理阶段	划定部门与管理部门不一致，管理体制不合理	出现管理部门、行政部门解决方法与划定部门出现偏差，增加了文物被破坏的风险
	行政审批过程较为复杂，降低文物管理行政效率	地方“先斩后奏”式的规划方案越来越多，往往传达到划定部门时，文物已经遭到破坏

一、案 例 介 绍

蔡国故城位于河南省上蔡县城关一带，是我国历史上西周至春秋时期的一座名城，当时规模宏大、人口众多、经济发达，具有较高的历史价值①。1963年，蔡县故城被公布为河南省重点文物保护单位。1996年12月29日，蔡县故城被国务院核定为第四批全国重点文物保护单位。2010年9月14日，《东方今报》上刊登了一则关于蔡都镇北关当地官员在蔡国故城保护范围内非法建造楼房的消息，引发了一场关于文物保护单位保护范围内能否进行建设的讨论。

案件中涉及文物保护范围的土地原本属于蔡都镇北关村七组的财产，具体位于蔡侯路中段南侧龙祥路东侧，面积共约561平方米。对于此片土地的所有权，也是几经转让（表2）。

① 王晓：《蔡国故城》，《中原文物》1999年第1期。

表2 蔡国故城保护区划内部分土地所有权转让情况

所有权	事件
县政府	1997年，为进行县城经济建设，根据龙潭路的建设规划，除拓宽建设道路之外，计划在北段东侧为县直职干部提供一个休闲活动场所。蔡都镇北关村七组村民以最低补贴将土地转给县政府。县政府将该片土地划为建设用地
蔡都镇北关村七组	随着龙潭路建设的变化，在该土地建设公园的计划没有得到实施，改为房地产开发。七组以30万元的价格从政府手中买下此片土地，用于建设小型停车场和解决七组居民住宅问题
张顺喜等3位公职人员	由于资金紧张不能拿出30万元，七组将此块土地“转让”给张顺喜、李秀兰、贾兰3人

二、案例分析

张顺喜等3位公职人员公然在距离故城城墙不到50米的范围内进行楼房建设。截至2010年9月14日，已经在保护范围内建设一栋四层楼房以及一栋打好一层地基的楼房，甚至在平整好的蔡国故城城墙上建造临时厨房进行烧火、做饭等对文物本体具有严重污染和伤害的活动。根据相关规定，蔡国故城墙150米范围内不允许建造永久性建筑，很显然已经建成的四层楼房和一栋挖完地基的楼房属于违法建筑，更不用提在文物本体进行烧火、做饭等行为，这显然是对相关文物规定的公然违背①。

关于上蔡县3位公职人员在蔡国故城保护范围内建房之事，按照2007年《中华人民共和国文物保护法》第十七条：“文物保护单位的保护范围内不得进行其他建设工程或者爆破、钻探、挖掘等作业。但是，因特殊情况需要在文物保护单位的保护范围内进行其他建设工程或者爆破、钻探、挖掘等作业的，必须保证文物保护单位的安全，并经核定公布该文物保护单位的人民政府批准，在批准前应当征得上一级人民政府文物行政部门同意；在全国重点文物保护单位的保护范围内进行其他建设工程或者爆破、钻探、挖掘等作业的，必须经省、自治区、直辖市人民政府批准，在批准前应当征得国务院文物行政部门同意。”第十八条：“根据保护文物的实际需要，经省、自治区、直辖市人民政府批准，可以在文物

① 赵健：《河南七名县领导合伙违规盖楼 侵占文物保护用地》，《东方今报》2010年9月14日。

保护单位的周围划出一定的建设控制地带，并予以公布。在文物保护单位的建设控制地带内进行建设工程，不得破坏文物保护单位的历史风貌；工程设计方案应当根据文物保护单位的级别，经相应的文物行政部门同意后，报城乡建设规划部门批准。”在离蔡国故城仅50米不到的地方进行永久性住房建设，显然是对《中华人民共和国文物保护法》的违反，需要承担相关法律责任。而对于住房建设审批中，省政府文件给出允许建设的楼层为两层，而目前在此处建设的楼房层数已经超过准许的范围，对于文物的整体风貌造成了一定的影响。同时，至于为何省政府能够批准3人在划定的“在150米内不允许建造任何永久性建筑”的范围内建设永久性住房，也是值得深思的问题。

三、案 例 总 结

在前文提及的案例中，我们可以较为直观地看到目前蔡都镇在文物管理阶段存在的问题。从直观的角度来看，此次事件明显是在文物保护范围管理阶段出现了问题。首先，地方行政管理部门管不住“地方势力”。其次，政府对文物保护单位所在地段的规划存在不当之处，行政效率低下。本文涉及的土地几经转让，目前还没有形成较为合适的方案出来，这也间接为地方违规建房提供了充裕的时间与恰当的机会。究其深层次的原因，可以归纳出以下几个方面（图2）。

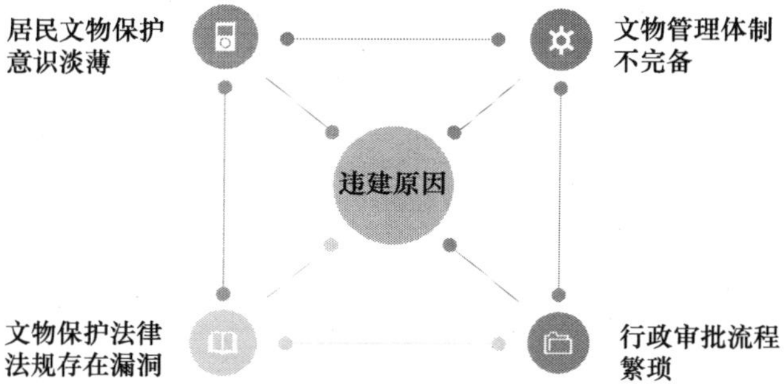

图2　文物保护区划内存在违建现象的深层原因分析

（一）居民文物保护意识淡薄

农村居民对文物的认知多数还只停留在“挖宝”“盗墓”阶段，对于文物系统的整体认知水平尚且不足，对文物的价值认识更多停留在经济价值。另外，相较于不可移动文物，可移动文物更能引起村民的重视，而对于那些具有重大历史价值的文物保护单位等不可移动文物，则缺乏成熟观念，对于不可移动文物本体如此，至于对那些在文物本体之外的文物保护范围就更加重视。同时，在自身利益与文物保护发生冲突时，大部分村民往往会选择前者，他们重视的往往是眼前、当下的利益，而缺乏对长远利益的系统化考虑与衡量。这也是在文物保护范围内频频发现违规建筑的重要原因。

针对此问题，需要政府、人民群众形成合力，政府的引导、人民的支持对于提升居民文物保护意识至关重要。首先，从政府层面来讲，需要加强政府的宏观调控，树立文化自信，积极开展对文物价值和意义的宣传工作，提升文物保护单位的知名度，部门内加强沟通与合作，开展各种与文物保护相关的会议，提升部门内部对文物的认可度；其次，充分利用好本地区学校等教育单位，与教育机构合作研发相关课程，分发文物科普书籍，在有条件的情况下可开展流动展览、学术讲座等教育活动，使青少年逐渐形成文物保护观念；最后，对于社会上的人民群众来说，需要充分利用网络自媒体、新闻报纸等媒介，建立公众号、官方微博，制作短视频等来扩大对文物保护的宣传力度，普及相关法律知识，在潜移默化中将文物保护观念植根于每个居民的意识中[①]。

（二）文物保护法律法规存在漏洞

在现行的《中华人民共和国文物保护法》第六十六条对相关违法行为进行了规定处罚，其中第一款规定“擅自在文物保护单位的保护范围内进行建设工程或者爆破、钻探、挖掘等作业的”；第二款规定“在文物保护单位的建设控制地带内进行建设工程，其工程设计方案未经文物行政部门同意、报城乡建设规划部门批准，对文物保护单位的历史风貌造成破坏的”属于违法行为，处以五万元以上五十万元以下的罚款，但是具体的量刑标准没有明文规定。第一，对于政府官员来说，容易滋生文物保护管理部门腐败之风气；对于开发商来说，5万～50万元的罚款并不是负担不起的金额，因此也对其构不成实质上的伤害[②]。第二，文物保护相关法律与实施条例中，对于在文物保护范围、文物建设控制地带违法行为归纳总结得较少，没有具体化说明各种情况，这也使得难以判决一些行为到底是否违法，加大了行政判决的难度。第三，目前《文物保护法》仍在不断完善与修订，往往是出现了问题之后再进行法律上的修订，法律法规时间上的滞后，使得一大批在文物保护范围、建设控制地带上建造起来的建筑获得时间与机会。

① 朱守军：《增强文物保护意识 传承历史文化遗产》，《文物鉴定与鉴赏》2019年第12期。

② 戴佩佩：《地方文物行政执法过程中的困境和对策——以温州市为例》，四川师范大学硕士学位论文，2017年。

文物保护相关法律法规是任何文物工作的衡量标准与准则，对文物保护法律法规的完善与细化是目前文物立法工作所要重视和加强的。加快文物法修订、增补的步伐，针对目前文物保护工作中出现的相关问题，及时制定出相关标准与量刑依据，借鉴成功文物保护工作经验，使文物保护工作真正做到有法可依、有法必依、执法必严、违法必究。

（三）文物管理体制不完备

随着国家第三次文物普查的结束，一大批新确立的文物出现，使得我国文物资源更加充裕，也对我国文物状况更加明晰。但是数量庞大的文物也就意味着文物保护工作的任务更加艰巨。地方文物保护管理部门所要管理的文物越多，文物行政执法工作面临的困难也就越多。

地方文物行政管理部门需要扩大行政执法队伍，需要增加权限，这就需要各级政府逐步下放权力，让地方文物行政管理部门真正获得公信力与威慑力，提升行政效率的同时也能最大限度地保护文物保护单位的整体风貌不受破坏。

（四）行政审批流程烦琐

在文物保护范围、建设控制地带进行建设，按照《文物保护法》规定需要一系列审批和上报。而审批过程往往历时数月甚至数年，需要审批的程序烦琐，手续众多，到最后审批结果很可能是不予通过。因此，多数人选择先建造后审批，即使被判决为违规建筑，大多数处理结果也只是罚款和责令改正，补办手续则直接到文物业务部门备案告终。二者相比较来说，反而先建造后审批的效率更高，而且罚款一般在可承受范围之内，这也就造成了越来越多的人存在侥幸心理。

行政效率的低下直接影响到了行政效果。至于怎样减少在文物保护范围、建设控制地带“先斩后奏”式建设，关键还得需要政府行政方式的自我调控与改进。首先，当地文物管理部门需要理清文物审批的详细步骤与过程，通过优化调整，简化审批流程与手续，真正便利群众。其次，借助网络等媒介进一步普及各种办理流程，必要时开设网上业务，使群众足不出户便可轻松办理。只有缩短文物审批流程与周期，才能引导群众按照合理的程序来办事。

文物具有重要的历史、艺术、科学价值，是我们的珍贵历史文化资源，并且文物具有不可再生性，任何对文物管理上面的疏漏都可能对文物造成致命的打击。当然对文物的保护不仅仅只限于文物本体，还包括保护范围和建设控制地带，这两个边界的划分使得文物整体更加完整，文物价值的诠释也更加立体和全面。然而近些年来出现的文物保护单位建设控制地带内违建事件频频发生，诸如全国重点文物保护单位蔡国故城违建、镇江铁瓮城遗址违建、镇江铁瓮城遗址违建、省级文物保护单位“梦山石室”违建等。在经济飞速发展的背景下，文物保护与经济建设矛盾日益凸显，妥善处理二者之间的关系才能使文物保护工作健康有序发展。这也是文物保护工作中亟待解决的问题。

后　记

《设规知圆——中国文物保护法制化实例探讨》一书数易其稿，几经琢磨，于2020年6月交付科学出版社，科学出版社也于2020年10月定稿并核定CIP数据与版权页，同时授权快样书发布。由于新冠肺炎疫情对印刷厂的用工和产能造成严重影响，书稿的批量印刷被迫滞后，一直迟至2021年12月才正式下厂。

从付梓到印刷的一年间，我国文物考古事业再一次迎来了蓬勃发展的好机遇。2021年是中国考古学一百年、中国共产党成立一百年的重要节点，中国的文物考古事业伴随着新中国的成长，已由最初的“星星之火”发展为中国道路自信、理论自信、制度自信、文化自信提供实证与支撑的“熊熊烈火”。党和国家对文物考古事业高度重视，全国的考古文博人再一次感受到精神的鼓舞，民族自信、国家自强的使命感与时代的呼唤同频。

诚然，我不敢觊觎这本小书能对这一项伟大的事业有多大的推动，但作为文物考古工作者，对工作经验进行总结和梳理，是理所应当；作为一名高校教师，对教学过程中产生的思考、对学生讨论中碰撞出的火花，进行归纳和再现，是责无旁贷；作为一名有志于毕生从事文物考古事业的青年学者，对未来展开期待和规划，是顺势而为。如果这本小书中提到的观点、意见、建议能为文物保护相关法律法规的完善和修订起到一丝帮助，那将是对我十余年教学与科研探索的最好褒奖。

浙江大学艺术与考古学院的蒋璐老师参与了本书的构思与讨论，并共同探讨了案例的法理边界；吉林大学考古学院学生赵婕、刘雨情、李明轩、张欢、关萌萌、宋绍华、许加、王思熠、王晓菲、汪彬参与了案例编写。编写组在疫情期间远程讨论，视频连线，实时互动，共同成长。谨以此书献给疫情期间付出辛勤劳动的编撰团队和编辑老师，也献给一直关心并支持我成长的吉林大学考古学院，更献给欣欣向荣的中国考古文博事业。

编　者